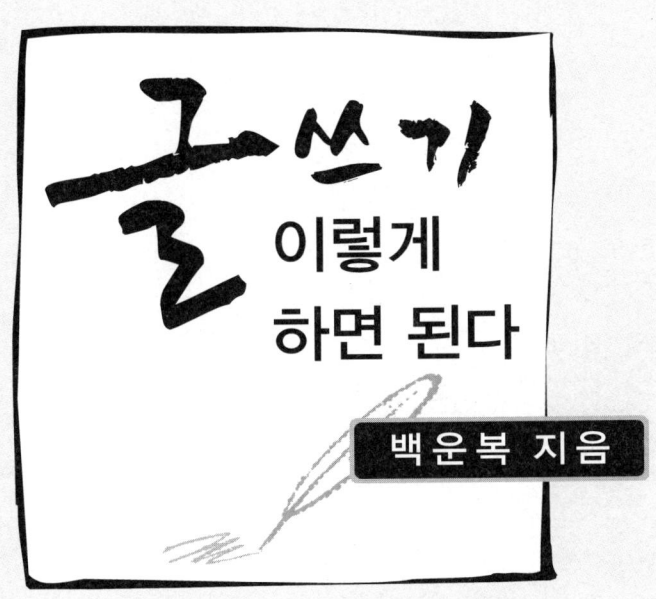

백운복 지음

새문사

_머리말

글쓰기는 전략이다

　인간은 매일 수많은 정보의 물결과 마주치고 다양한 체험을 겪으며 살아간다. 우리는 다른 사람의 사상과 감정을 자기 것으로 수용하기도 하고 자신의 생각과 느낌을 다른 사람에게 전달하면서 일상생활을 하고 있다. 이러한 모든 정보의 수수와 의사소통은 언어를 통해 이루어진다. 따라서 효과적인 언어 사용은 현대사회를 살아가는 데 있어 필수적인 요건이다.
　언어를 제대로 쓸 줄 모르고서는 생각 또한 제대로 엮을 수 없다. 글쓰기는 바로 언어를 제대로 엮는 일이다. 이는 곧 생각을 제대로 엮는 일이기도 하다. 글쓰기 공부의 궁극적 목적이 바로 여기에 있다. 생각을 제대로 빚어 사물과 세계를 바르게 이해하고, 그 대상을 확실하게 인식하기 위해 우리는 글을 쓰고 또 글쓰기 공부를 하는 것이다.
　그러나 아무리 작문이나 논술 작법을 이론적으로 잘 알고 있다고 하더라도 글쓰기를 시작하는 대부분의 학생이나 일반인들은 당장 부딪히는 여러 가지 어려움에 여전히 당혹스러워 하며, '나는 원래 글 쓰는 데는 소질이 없다'고 생각해 버리기 일쑤다. 사실 글쓰기의 시작에서 느끼는 그러한 생각은 글쓰기를 방해하는 첫 번째 요인이며, 가장 어려운 관문이다.

　필자는 대학에서 이십 여 년 이상 글쓰기를 가르치면서 이론보다는 실천적인 실습과 숙련이 확실히 더 효과적이라는 것을 체험하였다. 그리고 2004년 8월부터 1년간 호주 그리피스대학교 언어학부에 객원교수로 머물면서, 서양의 학생들에게 에세이는 초등학교 시절부터 당연히 거쳐 오는 과목이며 몸에 배어있는 숙련이라는 사실을 분명히 확인할 수 있었다. 분야별로 다양한 글쓰기 관련 책들이 도서관에 많은 양을 차지하고 있었으며, 글쓰기 도중에 부딪히게 되는 어려움을 어떻게 극복해 나갈 것인가를 차분하게 안내해 주는 책들까지도 눈에 띄었다. 자기표현이라든지, 논리적인 발표나 글쓰기가 왜 우리의 학생들보다 그들이 우수한가를 잘 알 수 있었다. 사실 이 책은 오래전부터 계획되었으나 차분하게 엮어지지 못했다. 이나마 집필이 정리된 것은 대부분 호주의 연구실에서 이루어진 것이다.

　이 책은 모든 분야의 글쓰기에 가장 근본이 되고 핵심이 되는 것을 다루었다. 이 책을 통해 효과적인 글쓰기 전략을 익힌 사람은 일상적으로 부딪히는 글쓰기는 물론, 각 분야의 실용문을 작성하는 경우나, 입시나 기타 필요에 의해 논술문을 작성할 경우, 나아가 개성적인 문예작품을 창작하게 되는 경우에라도 결코 당황하는 일이 없을 것이라고 확신한다.

글쓰기는 분명 타고난 소질이나 재능이 아니라 기술을 숙련해 이루어내는 작업이다. 계획하고, 실행하며, 교정하는 일종의 치밀한 전략의 수행이 곧 글쓰기 과정이라는 점을 잊지 말아야 한다.

이 책이 필자의 생각과 의도를 얼마만큼 성과 있게 이루어냈는지 벌써부터 두렵다. 또한 이 책의 출간에는 여러 분들에게 빚을 지고 있다. 원고를 자상하게 정독하면서 정서를 조언해주신 동료 정민영 교수께 다시 한 번 감사드린다. 이해를 돕기 위해 책 속에 넣을 그림을 그려준 제자 한동진 군에게도 고마운 마음을 전한다. 그리고 재미없는 아빠에게 소박한 조언과 함께 컴퓨터 작업도 많이 도와준 아들 현빈이가 고맙고, 묵묵히 지켜보아준 아내의 눈빛이 작은 미소로 바뀌고 있어 늘 감사한다.

항상 필자의 원고를 마다하지 않고 책으로 엮어주신 새문사 사장님과 여러 가지 수고를 아끼지 않은 직원 여러분께도 고마운 뜻을 전한다.

2006년 5월
백운복 삼가 적음

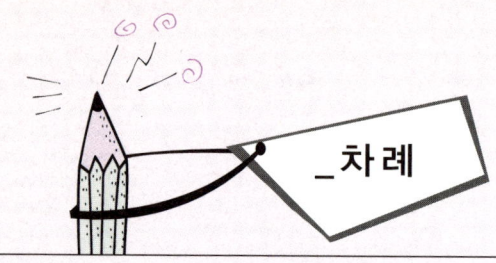

_차례

글쓰기의 기초

이것만은 알고 시작하자 10

단어를 올바르게 선택하자__12
문장을 정확하게 사용하자__13
단락은 '단위 글'이다__15
좋은 글은 어떤 글인가__21
좋은 필자는 무엇을 갖추어야 하는가__24

글쓰기 전의 전략

어떻게 쓸 것인가 34

무엇에 대하여 쓸 것인가__35
누구를 향해, 무슨 목적으로 쓸 것인가__41
어떤 양식의 글로 쓸 것인가__44
뒷받침 제재는 적절히 준비되는가__70
어떤 구상에 맞추어 쓸 것인가__74

글쓰기 중의 전략

어떻게 쓰고 있는가 92

아우트라인에 따라 쓰고 있는가__93
정확하고 효과적인 문장으로 쓰고 있는가__99
주제는 전략적으로 강조하고 있는가__101
단락의 소주제문은 적절하고, 뒷받침문장들은 바람직한가__104
단락의 연계가 유기적으로 이어지고 있는가__107

글쓰기 후의 전략

어떻게 쓰여졌는가 112

구상에 맞추어 쓰여졌는가__114
내용은 충실했는가__118
구성은 탄탄했는가__120
표현은 적절하고 정확했는가__122

틀리기 쉬운 우리글
한글 맞춤법, 표준어 규정에서 찾아보기

효과적인 글쓰기 전략

글쓰기의 기초

이것만은 알고 시작하자

__단어를 올바르게 선택하자
__문장을 정확하게 사용하자
__단락은 '단위 글'이다
__좋은 글은 어떤 글인가
__좋은 필자는 무엇을 갖추어야 하는가

 **글쓰기의 기초**

이것만은 알고 시작하자

'언어는 존재의 집'이라는 하이데거의 말이나, '나는 생각한다, 그러므로 나는 존재한다'라는 데카르트의 말을 유념하지 않더라도, 언어는 생각의 모태요 거푸집이다. 생각은 언어 속에서 움트고 자라서 제 모습을 갖춘다. 언어 없는 생각, 언어에 기대지 않는 생각은 그저 부연 안개에 불과할 뿐이다. 무언가를 '생각한다'는 행위는 머리 속에서 언어를 찾아내고 또 엮어 가는 과정 바로 그것이다. 한 마디로 생각은 언어에 기대어, 언어와 더불어 이루어지는 것이다.

따라서 언어를 제대로 쓸 줄 모르고서는 생각 또한 제대로 엮을 수 없다. 우리가 언어에 관심을 갖고 공부하게 되는 것은 언어 그 자체 때문이라기보다는 바르게 생각하고 옳게 사고하기 위해 필요하기 때문이다.

 글쓰기는 바로 언어를 제대로 엮는 일이다. 이는 곧 생각을 제대로 엮는 일이기도 하다. 글쓰기 공부의 궁극적 목적이 바로 여기에 있다. 생각을 제대로 빚어 사물과 세계를 바르게 이해하고, 그 대상을 확실하게 인식하기 위해 우리는 글을 쓰고 또 글쓰기 공부를 하는 것이다.

 글쓰기의 기초는 곧 언어에 대한 훈련을 잘 익혀 나가는 것이다. 그렇다고 글을 쓰기 위해 언어에 대한 공부를 처음부터 다시 시작할 수는 없다. 사실 국어의 문법은 외우고 익혀서 사용하는 것이라기보다는 국어를 모국어로 사용하는 우리들의 직관에서 비롯된 것이라고 할 수 있다. 따라서 글쓰기를 시작하기 위해 그 기초로 먼저 유념해야 할 내용은 그리 많지 않다.

 그렇다면 글쓰기의 기초로 우리가 반드시 갖추어야 할 예비적인 지식은 무엇일까. 우선 올바른 단어의 선택과 정확한 문장의 사용법을 익혀야 한다. 그리고 수 개의 문장이 어우러져 형성되는 '단위 글'로서의 단락에 대한 어느 정도의 지식을 지니고 있어야 한다. 아울러 어떤 글이 좋은 글이며, 좋은 필자가 되기 위해 갖추어야 할 요건은 무엇인가를 정리해 두면, 효과적인 글쓰기를 시작하는 데 많은 도움을 받을 수 있을 것이다.

단어를 올바르게 선택하자

글이란 우리의 사상, 감정을 문자로 표현한 것이다. 한 편의 글은 대체로 여러 개의 문장으로 이루어져 있으며, 하나의 문장은 여러 개의 단어가 어떤 질서에 의해 조직적으로 구성되어 있다.

단어는 문장을 구성하는 기본단위이다. 따라서 좋은 문장을 만들기 위해서는 단어의 적절한 선택이 가장 중요하다. 단어 하나만 잘못 사용해도 문장 전체가 부적절한 문장이 될 뿐만 아니라 결국 좋은 글이 될 수 없다.

단어는 의미를 지닌 최소 단위이다. 따라서 각각의 단어가 지니는 의미를 정확히 알고 사용해야 되는 것은 당연하다. 부정확한 의미로 쓰인 단어들은 그 단어가 속해있는 문장뿐만이 아니라 그 단락, 나아가 글 전체의 의미를 모호하게 하고, 마침내는 글 전체의 가치를 떨어뜨릴 수도 있다. 또한 글을 쓰는 사람이 의미를 정확히 알고 있다하더라도 지나치게 상투적인 표현이나 불필요한 외래어 등을 남용한다면, 살아 있는 문장이 되지 못하고 오히려 독자의 인상을 찌푸리게 할 수도 있다.

그리고 단어는 어떤 다른 단어와 어울리거나 문장 중의 다른 요소와 어울릴 때 선택상의 제약을 받는다. 그 제약은 국어의 사용 체계나 문법 체계에서 비롯된다.

조사 '을'은 받침이 있는 명사 뒤에 와서 목적격의 의미를 지니며, 받침이 없는 명사 뒤에는 '를'을 사용한다는 것이라든지, '에게'의 앞에는 유정 명사만이 올 수 있고 무정 명사의 경우는 '에'를 사용한다는  것도 선택상의 제약 때문이다. '열아홉 살'이나 '십구 세'는 가능하지만 '열아홉 세'나 '십구 살'은 불가능한 것도 고유어 '살'과 한자어 '세'의 선택 조건이 다르기 때문이다.

적절한 단어 하나하나가 좋은 문장과 좋은 글을 만들어 가는 것이다. 표현하고자 하는 의미를 지닌 가장 적합한 단어를 찾기 위해, 그리고 단어의 의미와 용법을 정확하게 이해하기 위해 노력해야 비로소 좋은 글이 나올 수 있다.

문장을 정확하게 사용하자

문장은 여러 가지 뜻으로 쓰이기도 하지만, 여기서는 문장의 사전적 의미인 '주어와 서술어를 갖추어 뭉뚱그려진 한 사상을 나타낸 말'을 지칭하기로 한다. 단어가 하나의 독립한 개념(의미)을 지니고 있는 최소 단위라면, 문장은 단어들이 어떤 질서나 규칙에 따라 이루어 낸 하나의 독립한 사상을 말한다고 볼 수 있다. 영어의 sentence에 해당하는 말이기도 하다.

　아울러 문장은 형식면에서 볼 때 하나의 단위가 된다. 단위란 독립성이 있어야 하며 어느 한 범주에서 최소의 것이어야 한다. 문장은 사상을 나타내는 것 가운데 최소의 것이어야 한다. 따라서 문장은 의사전달의 한 단위가 되어, 그보다 큰 단위의 생각인 단락을 구성하는 요소가 된다.

　단어의 의미를 정확하게 이해하고 올바르게 선택하여 사용해야 하는 것처럼, 문장 또한 일정한 규칙과 질서를 바르게 이해하여 정확하게 쓰도록 노력해야 한다.

　정확한 문장을 쓰기 위해서는 무엇보다도 국어의 문법을 정확히 알아야 한다. 국어의 문법에는 형태소가 모여 단어를 이루고, 다시 단어가 모여 구나 절, 그리고 문장을 이루는 일정한 규칙들이 있다. 문법을 잘 익히고 있으면 비문법적인 문장이나 어색한 문장을 쓸 위험에서 벗어날 수 있게 된다. 사실 국어의 문법은 외우고 익혀서 알게 되는 것이라기보다는 국어를 모국어로 사용하는 우리들의 직관에서 비롯된 것이라고 할 수 있다. 비문법적인 문장을 읽을 때 우리들의 직관이 무의식적으로 작용하여 어색함을 느끼게 되고, 무언가 잘못된 문장이라고 생각하게 되는 것은 이 때문이다.

　쓰고자 하는 내용을 정확히 전달하기 위해서는 문법적으로 맞아야 한다. 아무리 신선하고 창의적인 사상을 지녔다고 하더라도 그것을 표현한 문장이 문법적으로 틀려 있다면 그 내용은 결코 올바르게 전달될 수 없을 것이다.

정확한 문장을 쓰기 위하여 유념해야 할 점

첫째, 낱말의 선택이 명확해야 한다.

둘째, 문장에 사용된 성분들은 호응과 일치가 정확히 이루어져야 한다.

셋째, 문장의 구성요소들 사이의 지시관계가 명확히 드러나야 한다.

넷째, 어미와 조사가 올바로 사용되어야 한다.

다섯째, 맞춤법이나 띄어쓰기가 정확해야 한다.

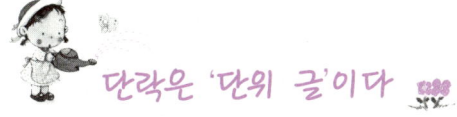

단락은 '단위 글'이다

단락의 핵심은 소주제문이다

문장에 이어 글쓰기의 기초로 반드시 유념해야 할 것이 단락이다. 일반적으로 글을 쓸 때 하나의 문장으로 끝맺는 경우는 거의 없다. 대개 여러 개의 문장이 어우러져 좀 더 큰 단위를 형성하며,

다시 이 단위들이 어우러져 한 편의 글을 이루게 되는 것이다. 이 때 여러 개의 문장이 어우러져 형성된 더 큰 단위가 곧 단락이다.

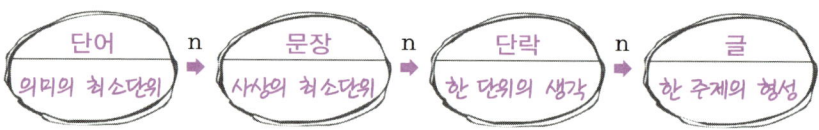

　단락은 글 전체의 주제와 관련되면서, 그 주제를 쌓아 올려 형성해 내기 위해 필요한 한 단위의 생각이라고 할 수 있다. 단락을 나누는 까닭은 한 단위의 생각을 독립된 단위로 갈라놓아 다른 단위의 생각과 구별함으로써 글 전체의 의미와 구성관계를 분명하게 해 주려는 의도이다. 이런 의미에서 단락은 글 전체를 형성하기 위해 쌓아 올리는 '단위 글'이라고 할 수 있다.

　단 하나의 문장으로 이루어진 단락이 없지는 않으나 일반적으로 단락은 몇 개의 문장이 모여서 이루어진다. 그리고 단락을 이루는 몇 개의 문장들은 단순하게 모여 있는 것이 아니라 반드시 하나의 소주제로 뭉쳐서 형성되어야 한다. 우리가 나누는 단락은 새로운 생각이나 사태(事態)를 지닌 한 단위의 핵심 관념을 지녀야 하며, 단락을 이루는 모든 문장들은 그 핵심 관념을 뒷받침하고 서술하기 위해 선택된 문장들이어야 한다. 따라서 모든 단락은 최종적인 소주제문을 가지는 것이 일반적이며, 그것을 정점으로 하여 구성된다.

  주제가 없는 글이 있을 수 없는 것처럼, 소주제가 없는 단락은 생각할 수 없다. 소주제는 글 전체 주제의 일부를 이루는 요소가 됨과 아울러 단락이라는 단위 글의 중심관념이 된다. 단락은 곧 이러한 소주제를 펼치기 위해서 존재하는 것이라고 할 수 있다.

  대부분의 경우에 소주제는 명제 형식의 문장으로 표현된다. 하나의 단락에 필수적인 핵심관념이 완결적인 표현으로 드러나게 되는 것을 소주제문이라고 한다. 따라서 소주제문은 단락을 펼치는 데나 그 요지를 이해하는 데에 중요한 길잡이가 된다. 단락을 전개할 때에는 그 소주제문만을 목표로 삼아 펼치면 되고, 글을 읽을 때는 각 단락이 지니고 있는 소주제문의 내용을 헤아리면 그 요지를 쉽게 파악할 수 있다. 결국 하나의 단락은 하나의 소주제문과 그 소주제문을 떠받들어 서술하는 수 개의 뒷받침문장들로 구성된다고 볼 수 있다.

  사실 한 편의 글은 단락이라는 '단위 글'이 차례로 이어져서 이루어진다. 그러므로 글을 쓴다는 것은 곧 단락들을 차례로 지어서 연결해 가는 일이라고 할 수 있다. 그만큼 단락을 이루어 가는 일은 글쓰기에서 중요한 당면 과제인 것이다. 하나의 단위 글, 즉 단락을 이루어 나가기 위해서 가장 먼저 해결해야 할 문제가 소주제문을 작성하는 일이다.

그러면 소주제문을 작성할 때 유의해야 할 점은 무엇인가.

첫째, 소주제문은 글의 주제와 관련된 것이어야 한다.

소주제는 글의 일부를 이루는 한 단락의 핵심 내용이므로 글 전체의 주제와 밀접한 관련을 가진 것이어야 한다.

둘째, 소주제문을 작성할 때에는 그 범주를 알맞게 잡아야 한다. 소주제문의 범위를 너무 넓게 잡으면 막연하여 단락의 방향을 설정하기가 힘들어진다. 반면에 너무 좁게 잡으면 논의할 수 있는 대상의 폭이 좁아지므로 서술할 내용이 부실해질 우려가 있다.

셋째, 단락이 소주제에 의해서 통일될 수 있도록 해야 한다.

단락의 전개 내용은 되도록 하나의 초점으로 모이는 것이 바람직하다. 단락을 구성하는 문장들이나 각 부분의 내용이 유기적으로 상호 연관되면서 소주제문으로 압축되어 통일성을 줄 수 있어야 하기 때문이다.

넷째, 소주제문은 간결하고 확실한 표현일수록 좋다.

소주제문은 해당 단락의 소주제를 밝히는 것이 목표이므로 소주제만이 가장 잘 드러나도록 간결하고 확실하게 표현하는 것이 좋다.

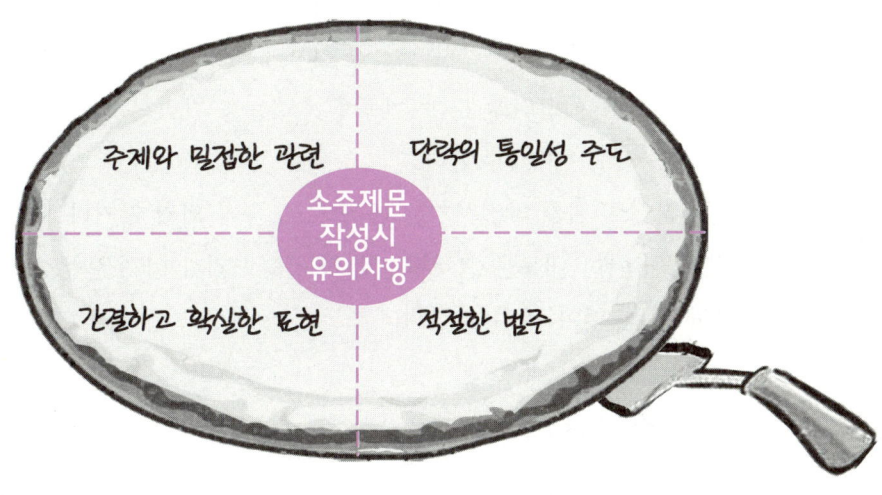

단락은 통일성과 긴밀성이 중요하다

 소주제문이 결정되면 그것을 중심으로 단락을 완성하는 절차를 밟아야 한다. 앞서도 말했듯이 하나의 단락은 소주제문과 이를 떠받들어 펼치는 수 개의 뒷받침문장으로 이루어진다. 이처럼 결정된 소주제문을 중심으로 하나의 단락을 완성하는 절차를 단락의 전개라고 한다.
 단락을 전개해 나아갈 때 무엇보다도 중요한 점은 단락의 전개 내용이 소주제문의 내용과 연관될 수 있도록 소재들이 일관된 성격을 가져야 한다는 점이다. 그래야만 단락이 통일감을 가질 수 있으며 하나의 '단위 글'로 완결될 수 있다.

따라서 뒷받침문장 하나하나를 쓸 때마다 소주제를 상기하고 그것을 풀이하거나 합리화 또는 예증하는 내용을 가려서 쓰는 것이 몸에 배도록 노력하여야 한다.

아울러 소주제를 발전시키는 데 별로 도움이 되지 않거나 오히려 해가 될 만한 내용은 그것이 아무리 훌륭하거나 아까운 문장일지라도 미련 없이 버려야 한다.

단락의 전개는 대체로

논리적 순서에 따른 배열,

중요성의 순서에 따른 배열,

시간적 순서에 따른 배열,

공간적 질서에 따른 배열,

연상작용에 따른 배열

등이 있다. 그러나 꼭 이들 중의 하나를 따를 필요는 없다. 글쓰는 이 나름대로 가장 효과적이라고 생각되는 적절한 방법을 모색하여 사용하면 될 것이다.

하나의 단락은 원칙적으로 하나의 소주제에 의해 통제되므로 그 자체로서 하나의 완결체가 된다. 동시에 각 단락은 한 편의 글 전체를 구성하는 한 부분으로서 다른 단락과의 유기적 연관성을 유지하고 있어야 한다. 이러한 연관성에 의해 단락과 단락이 이어지는 것을 단락의 연계라고 한다.

단락의 전개는 통일성unity이 중요하지만 단락의 연계는 긴밀성coherence이 가장 중요한 요건이 된다. 앞뒤의 단락이, 나아가 한 편의 글을 이루는 데 사용된 모든 단락들이 상호 유기적으로 조직되어 긴밀하게 연관되어 있어야만 주제가 산만해지지 않으며, 이른바 '탄탄하게 잘 짜여진 글'이 되는 것이다.

단락의 연계는 앞서 말한 단락의 전개 방법들을 활용할 수 있으나, 앞뒤 단락의 논리적 관계나 연상적 관계가 성립되도록 항상 유념하여야 한다.

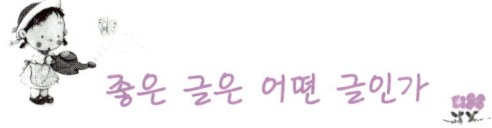

좋은 글은 어떤 글인가

좋은 글은 과연 어떤 글인가. 좋은 글이 갖추어야 할 요건은 무엇인가. 그에 대한 판단은 실제로 글을 읽고 느끼는 독자 각자의 몫이다. 독자의 관점에 따라, 글의 양식에 따라, 또는 시대에 따라 좋은 글의 기준은 달라질 수 있을 것이다. 그러나 어떠한 경우라 하더라도 좋은 글은 한 마디로 글쓰는 이의 의도와 뜻을 정확하게 표현하면서 동시에 독자에게 감동을 주는 글이라고 할 수 있다.

이처럼 좋은 글의 요건은 참으로 다양할 수 있으나, 누구나 공감할 수 있는 중요한 몇 가지 요건을 살펴보면 다음과 같다.

탄탄하게 잘 짜여져야 한다

좋은 글은 우선 탄탄하게 잘 짜여져야 한다. 글의 완결성이란 주제 또는 중심사상을 담은 부분과 이를 뒷받침해 주는 내용을 담은 부분이 긴밀하게 결합하여 글을 완성시키는 성질을 가리킨다. 좋은 글은 문장 전체를 하나로 이끌고 나아가는 체제pattern는 물론, 문장의 세부적이고 구체적인 관계에 관련된 조성texture에 이르기까지 그 짜임새가 완결성을 지녀야 한다.

의미를 명확하게 드러내야 한다

전달하고자 하는 의미를 얼마나 명확하게 드러내고 있느냐 하는 것도 좋은 글의 요건이다. 이를 명료성이라고 한다. 그러기 위해서는 특별한 이유가 없는 한 우선 간결하고 쉽게 써야 한다. 그래야 의미의 모호성도 피하고 뜻을 명확하게 전달할 수 있다.

참신하고 창조적이어야 한다

좋은 글이 되기 위해서는, 글의 표현은 물론 그 내용도 남의 흉내를 내지 않는 참신하고 창조적인 것이어야 한다. 이러한 자기만의 특성을 보여주는 개성을 독창성이라 한다. 남이 쓴 글이 아무리 훌륭하다고 해도 그것을 모방해서는 결코 좋은 글이 될 수 없을 뿐만 아니라 글로서의 가치도 없다. 글의 독창성은 소재, 제재, 주제, 표현 방법이나 문체 등 다양한 방면에서 나타날 수 있다. 특히 인간과 세계에 대한 개성적 통찰을 의미하는 시각의 독창성은 글의 독창성을 결정짓는 가장 중요한 요소이다.

필요한 말을 필요한 만큼만 사용해야 한다

가장 작은 노력으로 가장 큰 효과를 얻으려는 경제의 원리는

좋은 글의 요건

글쓰기에도 적용된다. 다시 말해서 글은 의미의 전달에 불필요한 표현은 일체 배제하고, 필요한 말을 필요한 만큼 사용하여 필요한 만큼의 길이에서 끝내야 한다. 글의 경제성을 위해서는 동어 반복을 피하고, 불필요한 단어나 구절, 수식어 등을 과감히 버릴 줄 알아야 한다.

 이 밖에도 필자의 삶의 태도가 얼마나 진지하며 성실한가를 드러내 보이는 성실성이라든지, 글의 목적, 독자의 인식, 필자의 시점 등이 서로 잘 들어맞을 수 있는지 여부를 묻는 타당성 등도 좋은 글이 지녀야 할 요건이라고 할 수 있다.

좋은 필자는 무엇을 갖추어야 하는가

 좋은 글을 쓰기 위해서는 어떻게 해야 하는가. 그에 대한 구체적인 방법은 글쓰기의 전략을 통해 이해하게 될 것이다. 우선 좋은 필자가 되기 위해 평소 어떤 노력을 할 것인가.

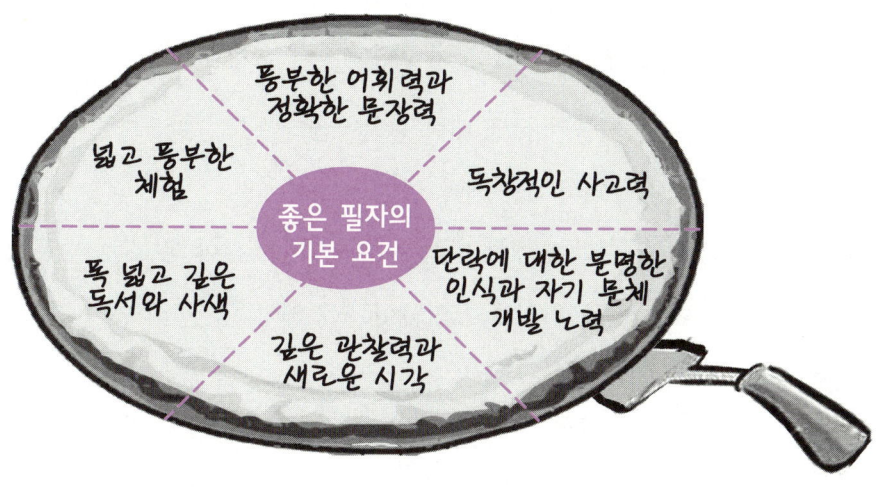

첫째, 어휘에 대해 풍부하게 알아야 하고, 올바른 문장을 쓰는 법을 알아야 한다. 이를 위해 우선 좋은 글을 많이 읽고, 문법에 맞는 문장, 논리적으로 모순이 없는 문장을 쓸 줄 아는 기술을 익혀야 한다.

둘째, 글을 쓸 때에는 자기가 쓰려고 하는 글이 자신만이 지닌 독창적인 생각이나 느낌인가를 생각해 보면서 자신의 시각을 드러내려고 애써야 한다.

셋째, 넓고 풍부한 체험을 하여야 한다. 새로운 체험도 필요하지만, 책을 통한 간접적 체험과 아울러 자신의 일상적 체험을 적절히 활용하는 것이 더욱 중요하다.

넷째, 넓게 읽고, 많이 써 보고, 깊이 생각해야 한다.

다섯째, 사물과 삶에 대한 관찰력을 키우고, 항상 새로운 각도에서 보려고 노력해야 한다.

여섯째, 단락에 대한 인식을 분명하게 지녀야 하고, 자기 문체를 개발하기 위해 끊임없이 노력해야 한다.

위의 여섯 항목들은 좋은 필자가 지녀야 할 기본적인 자세라고 할 수 있다. 그러나 글쓰는 작업을 시작하는 대부분의 학생들이나 일반 사람들은 당장 부딪히는 여러 가지의 난제에 당혹스러워 하며, '나는 원래 글쓰는 데는 소질이 없다'고 생각해 버리기 일쑤다.

글쓰기의 시작에서 느끼는 그러한 생각은 글쓰기를 방해하는 첫 번째 요인이며, 가장 어려운 관문이다. 사실 서양의 글쓰기 관련 책들을 보면 그 제목부터 '작업work'이니 '기술skill'이니, 또는 '전략strategy'이니 하는 단어가 사용되고 있음을 볼 수 있다. 글쓰기는 분명 타고난 소질이나 재능이 아니라 기술을 숙련해 이루어 내는 작업이며, 일종의 치밀한 전략이라는 점을 잊지 말아야 할 것이다.

보다 나은 필자가 되기 위해 지금 당장 실천에 옮겨 볼 만한 사항들은 무엇인가.

보다 나은 필자가 되기 위해
지금 당장 실천에 옮겨 볼 만한 사항들

일단 생각나는 대로 지금 써라

여러 가지 생각에 빠지면 단 한 줄도 쓸 수가 없다. 글은 자신의 생각을 문자로 표현한 것이다. 글의 좋고 나쁨은 그 다음 문제다. 일단 생각나는 대로라도 써야 한다. 원고지 10장 정도의 분량을 무조건 써 보는 것은 글쓰기를 시작하는 데 참으로 중요한 관문이다.

인내심을 가져라

글쓰기 기술을 향상시키는 데는 시간이 걸린다. 짧은 시간에 많은 것을 기대한다면 낙담하게 될 것이다. 극적이고 갑작스런 향상보다는 서서히 확고한 발전을 도모해야 한다.

지적을 받도록 하라

관련된 책을 참고로 하여 스스로 문제점을 찾고, 다른 경험 많은 필자들의 의견과 지적을 경청하라. 아울러 같은 문제를 다시 반복하지 않도록 어떤 문제에 대한 해결책을 반드시 메모해 두도록 하라.

글쓰기는 실로 고쳐 쓰기라는 점을 명심하라

아무리 숙련된 필자라고 하더라도 자신이 만족할 때까지 초안을 여러 번 고쳐 쓰고 다시 작업한다는 사실을 잊어서는 안 된다.

글을 쓸 때 해야 할 것이 무엇인지 분명히 알도록 하라

어떤 것을 하지 말아야 하고, 어떤 진행을 잘 해야 하는지를 결정하라. 그리고 끊임없이 새로이 수정할 필요가 있다. 진행 절차를 잘 수행해 나갈 때, 글쓰기는 개선될 것이다.

다른 필자들에게 이야기하라

다른 사람들은 글을 쓸 때 어떻게 하는가를 유심히 살펴라. 어떤 아이디어가 필요할 때 다른 사람들에게 이야기하고 그 가능성을 타진하라. 좌절과 성공을 함께 이야기하면 서로서로 개선을 도울 수 있다.

글쓰기에 대한 다른 사람의 반응을 연구하라

훌륭한 필자들이나 친구들이 내가 쓴 글쓰기와 초안에 대해 무어라고 말하는지, 그 반응을 연구하라. 독자의 반응은 필자에게 매우 귀중하다.

매일 흥미로운 것들을 읽는 습관을 가져라

신문이나 관련 도서, 잡지, 소설 등 흥미를 불러일으키는 것들을 읽어라. 읽으면서 서론, 결론은 물론, 논지를 이끌어 가는 세부 항목들의 변화를 어떻게 다루는지 주의 깊게 살펴라. 아울러 생소한 단어들을 주시하고, 문장 구조를 주목하라. 그리고 독서에서 관찰한 여러 가지 전략들을 글쓰기에 구체적으로 활용하려고 애써라. 많이 독서할수록 글쓰기는 그만큼 더 빠르게 개선될 것이다.

잘못에 대해 두려워하지 마라

잘못은 배움의 자연스러운 부분이다. 잘못을 감싸 안고 배움의 기회로 활용해라. 잘못을 두려워하면 시도하지도 못할 것이고, 시도하지 않으면 결코 성장할 수도 없다.

글쓰기 전의 전략

어떻게 쓸 것인가

__무엇에 대하여 쓸 것인가
__누구를 향해, 무슨 목적으로 쓸 것인가
__어떤 양식의 글로 쓸 것인가
__뒷받침 제재는 적절히 준비되는가
__어떤 구상에 맞추어 쓸 것인가

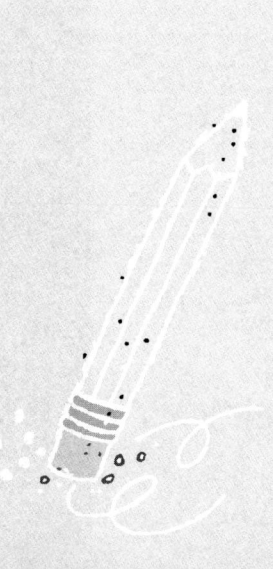

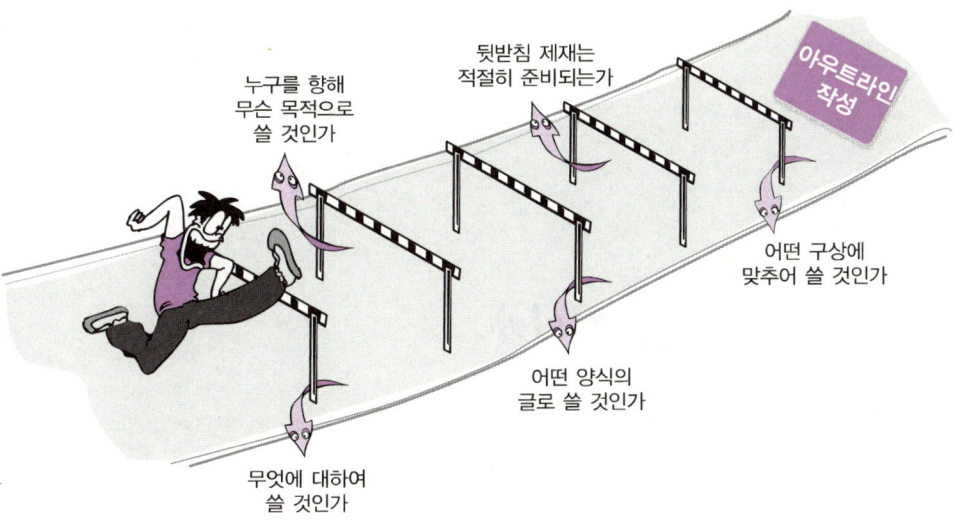

글쓰기 전의 전략 - 어떻게 쓸 것인가 •••

글쓰기 전의 전략

어떻게 쓸 것인가

글은 여타의 모든 언어 행위들처럼 커뮤니케이션의 일종이다. 따라서 일반적인 글쓰기는 누군가를 향해 무엇인가를 전달하고자 하는 의도와 동기를 가지고 이루어진다. 우선 쓰는 글을 통하여 필자가 독자에게 전달하고자 하는 핵심 사상, 곧 주제가 있을 것이다. 아울러 글을 쓰는 동기나 목적, 독자의 성격 등 필자가 처하게 되는 특수한 정황이 있을 것이며, 그에 따라 가장 적합한 글의 양식이 결정될 것이다. 또한 주제를 살려 구체적으로 전개시키는 데 필요한 다양한 제재를 모으는 일도 글쓰기 전에 반드시 갖추어야 할 요건이다. 글쓰기 전에 이상과 같은 사안들을 분명하게 파악해야 제대로 글쓰기를 진행할 수 있다.

주제의 확정, 필자의 동기와 목적, 독자의 성격, 쓰려고 하는 글의 양식, 충분한 뒷받침 제재 등이 갖추어지고 나면 그 다음으로 가장 중요한 것이 이들을 어떤 통일된 체계로 결집시키는 일이다. 이 일은 구상과 아우트라인 작성을 통해 수행된다.

전체 글의 구조를 생각하여 어떤 내용을 어떤 순서와 방식으로 배열할 것인지에 대한 글의 짜임새를 미리 설계해야 한다. 이것이 곧 구상과 아우트라인 작성이다. 따라서 아우트라인은 글쓰기 전 전략의 최종적인 작업이면서 동시에 실질적인 글쓰기를 시작하는 데 필요한 출발점이 된다.

무엇에 대하여 쓸 것인가

"이 글은 무엇에 대하여 썼다."라고 말할 때가 있는데, 그 '무엇에 대하여'가 바로 주제라고 할 수 있다. 이처럼 주제는 글의 중심 내용, 즉 필자가 그 글을 통하여 독자에게 전달하고자 하는 중심 사상이나 핵심을 말한다. 글을 쓰기 전에 주제를 정해놓지 않으면 좋은 글을 쓸 수가 없다. 무엇에 대하여 쓸 것인가를 구체적으로 규정하는 일, 즉 주제를 설정하는 일은 글쓰기의 첫 번째 절차이다. 결국 한 편의 글이란 필자가 의도한 주제를 구체적으로 형성(形成)한 것이라고 할 수 있다.

그렇다고 처음부터 곧바로 주제를 설정한다는 것은 무리이다. 그 주제의 싹이라고 할 수 있는 화제에서 출발하여 구체적인 주제를 키워 나가야 한다. 화제란 곧 '체계 있게 짜여진 사상'으로서의 주제를 형성하기 이전의, 그 사상을 낳게 될 관념이나 사물을 말한다. 따라서 주제를 설정하기 위해서 우리는 먼저 하나의 막연한 관념이나 사물로서의 화제를 선택해야 한다. 물론 화제는 글쓰는 사람에게 일방적으로 주어지는 경우도 있으나, 대부분의 경우 글쓰는 사람에 의해 선택된다.

화제를 선택할 때에는 다음과 같은 조건들을 유념해야 한다.

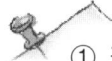

① 필자의 관심거리일 것
② 필자가 많이 알고 있는 분야일 것
③ 독창성이 있을 것
④ 독자의 흥미를 불러일으킬 수 있을 것
⑤ 주제의 모관념(母觀念)이 될 수 있을 것
⑥ 제재가 풍부할 것

화제를 선택하게 될 때, 굳이 심오한 사상을 드러내거나 독특한 것일 필요는 없다. 비록 생활 속에서 겪은 경험의 일부라고 할지라도 그것이 필자에게 의미 있고 독자들과 함께 생각해 볼만한 가치를 지닌 것이라면 화제의 자격으로 충분한 것이다.

이와 같이 글쓰기 전의 첫 번째 절차는 화제를 선택하고, 그 화제를 필자의 구체적인 관점이나 태도가 배인 주제로 발전시켜, 주제문으로 정리하는 일이 될 것이다.

주제는 단어 하나로 표현될 수도 있고, 구나 문장의 형태로 표현될 수도 있다. 단어 하나로 표현될 경우 그 주제는 범위가 너무 넓을 가능성이 많은 반면, 구나 문장의 형태로 주제를 표현하면 주제의 범위가 좁아져 글 쓸 내용이 그만큼 구체화된다. 일반적으로 주제는 필자의 구체적인 관점이나 태도가 드러난 문장의 형태를 갖춘 주제문으로 설정하는 것이 바람직하다.

그러면 주제를 어떻게 선택하는 것이 좋을까. 그 방법은 여러 가지가 있을 수 있겠으나 다음 사항은 반드시 고려되어야 한다.

첫째, 주제는 되도록 한정한다. 특히 글의 분량이 정해져 있을 때는 그 분량 내에서 소화할 수 있을 정도로 한정된 주제를 골라야 한다.

둘째, 필자가 관심을 가지고 있으며, 또 잘 알고 있는 주제를 고른다.

셋째, 독자의 관심이나 흥미를 끌 수 있는 주제를 고른다.

넷째, 필자의 독창성을 담을 수 있는 주제를 고른다.

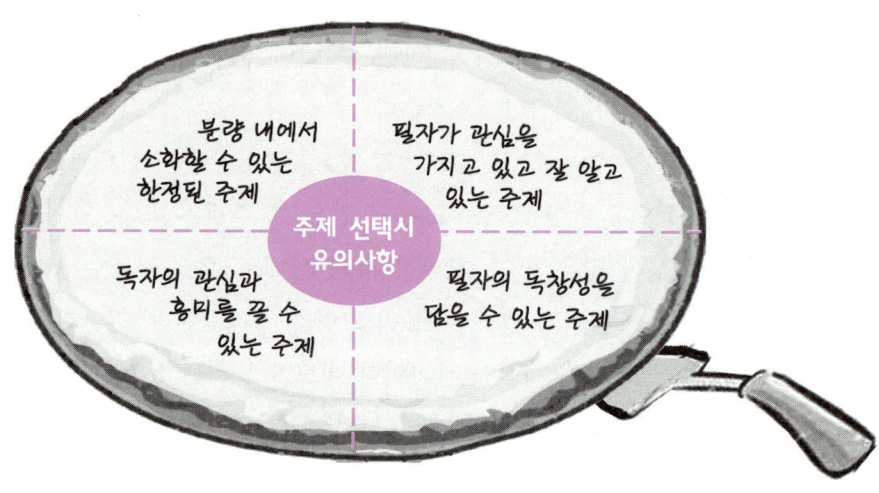

　위 네 가지 항목들은 바람직한 주제를 선택하기 위해 필자가 유념해야 할 일반적인 내용이라고 할 수 있다.
　그러나 글쓰는 작업을 시작하는 대부분의 학생들이나 일반 사람들은 화제가 막연히 떠오른다 하더라도 구체적으로 '무엇을 써야 할지 모르겠다'는 난관에 부딪히고 마는 경우가 많다. 주제 설정에서 부딪히게 되는 이러한 곤란함을 극복하기 위해 아래와 같은 아이디어 산출 기법을 활용하면 도움을 받을 수 있다.

자유롭게 쓰기를 시도하라

쓰는 행위는 사고를 자극한다. 따라서 쓸 거리가 생각나지 않더라도 어떻든 쓰기를 시작하라. 결국은 아이디어가 떠오를 것이다. 조용한 곳에 앉아서 10여 분 동안 멈추지 말고 떠오르는 생각들을 무엇이든 써라. 어떤 이유로라도 멈추지 말고 계속해서 펜을 움직여라. 정 떠오르는 생각이 없으면, 요일이나 가족이나 친구들 이름, 심지어 '무엇을 써야 할지 모르겠다'라고라도 써라. 곧 새로운 생각들이 스칠 것이며, 그것들에 대해 쓸 수 있게 될 것이다.

한 데 모으기를 시도하라

한 데 모으기는 아이디어들이 어떻게 상호 관련되는가를 한 눈에 볼 수 있도록 해 주기 때문에 매우 유용한 아이디어 산출 방법이다. 한 데 모으기 위해서는 생각하고자 하는 주제 영역을 중앙에 쓰고, 그 주제 주위에 원을 그리듯이 관련된 여러 가지 아이디어들을 연결시켜 나가라. 계속해서 이런 식으로 세포분열하듯이 확장시켜 나가면 주제를 구체화할 수 있다.

목록 만들기를 시도하라

한 데 모아진 원형의 아이디어들을 각각 항목별로 나누어 초안에서 취급하고자 하는 순서로 번호를 매겨 세로로 목록 만들기를 시도하라. 그리고 나서 그 항목들을 점검하고 원하지 않는 아이디어는 지우고 새로운 아이디어를 첨가하라. 이것은 나중에 초안을 쓰는 데 매우 유용하게 사용된다.

화제를 다른 각도에서 검토하라

쓰고자 하는 것이 넓은 주제 범위를 가지고 있어서 주제를 어떻게 접근하고 한정시켜야 할 지 확신이 서지 않으면, 그것을 다른 각도에서 관찰하려고 시도하라.

시험적인 초고(draft)를 작성하라

이 초고는 쓰려고 하는 글의 초안이라고는 생각하지 말아라. 그것은 글쓰기의 출발점으로서 기여하는 한 시도이며, 이를 통해 그 이상의 아이디어들을 발견하게 되는 것이다.

화제를 자신의 경험과 관련지어라

쓰고자 하는 화제를 자신의 경험과 관련지어 보면 더 좋은 아이디어가 떠오를 수 있다. 그러면 새로운 보충이 가능해지고 주제를 설정하는 데도 도움을 받을 수 있다.

다른 사람들에게 이야기하고, 잠시 동안의 잠복기간을 두어라

자신의 아이디어들을 다른 사람에게 이야기하거나, 잠시 동안의 잠복기간을 두면 새로운 방향과 방법이 떠오를 수 있다.

글을 쓰는 정황을 다시 확인하라

글을 쓰는 목적, 읽을 독자, 필자의 역할 등과 같은 정황들을 다시 한 번 명백히 하면 더 나은 아이디어가 떠오를 것이다.

기법들을 한 데 연합하라

시도한 여러 가지 기법들을 연합시켜, 최선으로 작업할 수 있는 방법을 모색하라. 그러면 필자에게 가장 바람직한 주제와 무엇을 어떻게 써야할지를 가늠할 수 있을 것이다.

누구를 향해, 무슨 목적으로 쓸 것인가

문학작품과 같은 표현 동기에서 이루어진 글은 비교적 광범위한 독자에 대하여 호소력을 가지고 있다. 이 경우에는 독자에 대한 이해를 그다지 깊게 할 필요는 없을 것이다. 그러나 일반적으로 글이란 많고 적은 차이가 있다 해도 어느 한정된 독자에게 주어지기 마련이다. 따라서 내 글을 읽게 될 독자의 관심이나 태도는 물론이고, 그들이 지니고 있을 교양이나 능력 등에도 유념해야 한다. 그에 따라서 글의 내용과 형식이 달라질 것이며, 필자가 지녀야 할 태도도 영향을 받게 될 것이다.

이와 같이 글쓰기 전에 필자는, 자신이 처한 특수한 정황에 대해 명확히 인식해야 한다. 내가 지금 쓰려고 하는 글이 누구를 향해 이야기하려고 하며, 또 무슨 목적과 의도를 가지고 있는지를 분명하게 해야 하기 때문이다. 그리고 쓰려는 글이 주관적 정서의 표현인지 아니면 내용이나 사상의 전달을 위주로 한 것인지를 필자 자신이 인식함으로써 보다 짜임새 있고 설득력 있는 글을 쓸 수 있을 것이다.

이처럼 필자가 처하게 되는 특수한 정황, 곧 처지로는 글을 쓰는 동기나 목적과 내 글을 읽게 될 독자의 성격을 들 수 있다. 필자의 처지에 대한 분명한 인식 없이는 아이디어들을 모으는 데 어려움이 있을 것이며 글을 쓰는 데에도 많은 곤란을 겪게 될 것이다. 그렇다면 그러한 정황을 어떻게 미리 확인할 수 있을까.

우선 글을 쓰는 목적을 확인하는 방법으로는, 다음과 같은 질문을 던져 보는 방법이 있다.

① 독자들과 어떤 느낌, 생각, 경험들을 함께 나눌 수 있는가?
② 독자들에게 무엇에 대한 정보를 줄 수 있는가?
③ 독자들을 무엇에 대해 설득할 수 있는가?
④ 독자들을 어떤 방법으로 즐겁게 해 줄 수 있는가?

그리고 독자의 성격을 확인하는 방법으로는, 다음과 같은 질문을 통해 독자의 성격을 보다 구체적으로 규정하는 방법이 있다.

① 어떤 사람이 나의 글을 통해 무엇인가를 배울 수 있을까?
② 누가 내 화제에 대한 독서를 즐길 것인가?
③ 어떤 방법을 생각하거나 행동하는 데 누가 영향을 받게 될 수 있을까?
④ 누가 내 화제에 흥미를 갖고 그것의 중요성을 찾아낼 것인가?
⑤ 내가 말하고자 하는 것을 들을 필요가 있는 사람은 누구일까?

등과 같은 질문을 통해 독자의 성격을 보다 구체적으로 규정할 수 있을 것이다.

어떤 양식의 글로 쓸 것인가

주제가 설정되고 글쓰는 동기와 목적이 정해지면, 그것을 어떤 양식의 글로 쓸 것인가를 결정해야 한다. 기술의 양식은 글을 쓰는 동기나 의도에 의해 결정된다. 필자의 동기 혹은 의도에는 대체로 다음 네 가지가 있다.

① 독자에게 무엇인가를 알려 이해시키고자 한다.
② 어떤 문제를 증명하여 독자를 확신하게 하고 설득하고자 한다.
③ 어떤 대상의 현상을 관찰하여 그 인상을 감각적으로 말하고자 한다.
④ 무슨 사건이 일어났는지를 독자에게 말하고자 한다.

위의 의도에 따라 각각 네 가지 기술 양식인 설명, 논증, 묘사, 서사 등이 결정된다.

설명

설명은 주제를 풀어서 밝히는 기술양식으로, 지식이나 정보의 전달을 목적으로 하여 상대방이 모르는 것을 알게 해 준다. 곧 설명은 독자에게 무엇인가를 설명하여 이해시키는 것이 그 목적이다. 설명은 네 가지 기술방식 가운데 가장 널리 사용된다. 다른 세 가지 기술방식은 독립적으로 쓰이기보다는 설명과 함께 쓰이는 것이 일반적이다.

설명은 어떤 물음에 대한 해답이라고 할 수 있기 때문에 묻는 사람의 관심의 초점이 어디에 있는가를 정확히 파악하는 것이 중요하다. 문제를 제기하는 방법이 구체적이고 한정적일수록 그 대답도 정확하고 명료해진다. 또한 설명은 단순히 문제를 밝혀 독자로 하여금 이해하게 하는 것인 만큼, 항상 객관적이고 일반적인 개념으로 풀어나가는 것이 좋다. 설명을 요구하는 질문들로는 다음과 같은 것들을 상정할 수 있다.

그것은 **무엇**인가?

그것은 **무엇을** 의미하는가?

그것은 **무엇을** 하고 있는가?

그것은 **어떻게** 이루어져 있는가?

그것은 무슨 **가치**가 있는가?

그것의 **기능**은 무엇인가?

그것의 **원인**은 무엇인가?

그것의 **중요성**은 무엇인가?

그 사건의 **전말**은 무엇인가?

그는 **누구**인가?

그녀는 **어떤 인물**인가?

이밖에도 설명 양식을 필요로 하는 질문들이 얼마든지 있을 수 있다.

사실 우리가 쓰는 문장의 거의 대부분은 설명이라고 할 수 있으며, 설명을 효과적으로 해내기 위해서 여러 가지 방법들이 사용되고 있다. 설명의 방법들 중에서 특히 중요한 것들은 지정(指定), 정의, 비교와 대조, 분류와 구분, 예시 등이다.

① 지정

'무엇이냐?' 또는 '누구냐?'라는 물음에 대해 '무엇이다(누구다)'라고 가장 간단하게 대답하는 방법이다. 곧 언어에 의한 지적이라고 할 수 있으며, 설명의 방법 가운데서 가장 단순한 것이다. 지정은 간단하고 명백하며 단순해야 한다. 따라서 우회되지 말아야 하고, 필요 없는 수사나 수식어 사용 등을 경계해야 한다.

② 정의

정의 역시 '무엇이냐?'라는 물음에 대한 해답의 형식을 지닌다.

그러나 그 해답이 어사(語辭)나 어구(語句)에 대한 것이지, 어사나 어구에 의해 지시된 사물에 대한 것은 아니라는 점에 유의해야 한다.

정의는 정의되는 항(被定義項)과 정의하는 항(定義項)으로 이루어지며, 이 때 두 항은 대등관계 위에 서게 된다. 즉 '피정의항(종개념) = 정의항(종차+유개념)'과 같은 등식관계가 성립된다.

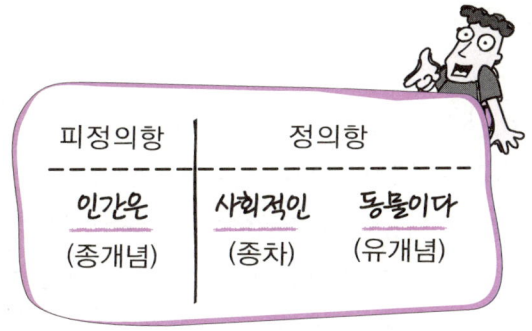

이처럼 정의는 우선 정의되는 항을 어떤 한 부류(類)속에 정립시키고 다음으로 그 부류 속에서 특징적으로 구별될 수 있는 성질(種差)을 지적함으로써 그 부류 속의 다른 구성 분자들(種)과 구별짓는 과정을 밟아 이루어진다.

정의에 쓰이는 용어와 지식은 필자와 독자 모두에게 공통되는 기반을 지니고 있어야 한다. 공통된 기반을 가지고 있지 못하면, 정의가 내포하고 있는 지식이나 정보가 일반 독자에게 전달되지 못할 것이다.

정의는 다음 세 가지 원칙에 반드시 합당하도록 기술되어야 한다.

첫째, 피정의항은 정의항과 대등하여야 한다.

둘째, 피정의항은 정의항의 부분이어서는 안 된다.

셋째, 피정의항이 부정적이 아닌 한, 정의항도 부정적이어서는 안 된다.

③ 비교와 대조

비교와 대조는 문장에 나타나는 대상들을 서로 관계를 맺게 함으로써 성립되는 설명의 한 방법이다. 이 때 대상들은 서로 유사점과 차이점을 지니고 있어야 한다. 그 유사점에 초점을 맞추어 설명하면 비교가 되며, 차이점에 초점을 맞추어 설명하면 대조가 된다.

④ 분류와 구분

분류와 구분은 둘 이상의 사물을 질서 있게 정리하기 위하여 종류를 가르는 작업이라고 할 수 있다. 이 때 계층적인 부류조직의 상위에서 하위로 이행하는 방식을 구분(區分)이라고 하고, 그 반대의 경우를 분류(分類)라고 한다. 곧 구분은 유개념(類槪念)에서 종개념(種槪念)으로 나누어지는 것이며, 분류는 종개념에서 유개념을 뽑아내는 것이다.

일반적으로 구분과 분류를 효과적으로 해내기 위해서는 다음 세 가지 원칙을 따르는 것이 좋다.

첫째, 각 계층마다 구분·분류하는 기준은 하나라야 한다.

둘째, 하위의 종속적인 계층은 그것이 직접 소속되는 상위의 계층을 남김없이 자세히 밝혀야 한다.

셋째, 첫 계층에서 적용된 구분·분류의 원칙은 후속계층에까지 일관되어야 한다.

⑤ 예시

보기를 들어 설명하는 서술방법을 예시라고 한다. 예시를 하면 추상적인 내용이 구체화되고 이해하기 어려운 것이 쉽게 이해할 수 있게 된다.

그러나 설명하고자 하는 내용에 적절한 예를 찾기란 그리 쉽지 않다. 글의 논지나 일반화를 충분히 뒷받침할 수 있는 예라야 하며, 적절하고 명료한 예라야 한다.

이밖에도 어떤 대상을 설명할 때 그 설명의 효과를 높이기 위해 묘사의 방법을 이용하는 묘사적 설명이나, 어떤 사실이나 사건에 대한 이해를 증가·확대시키기 위한 목적으로 서사의 방법을 이용하는 서사적 설명 등도 설명의 방법으로 끌어다 사용되고 있다.

다음의 예문은 설명 양식으로 이루어진 글이라고 할 수 있다.

조선 시대의 기와집은 크게 사랑채, 안채, 그리고 행랑채와 사당으로 구분됩니다. 대문으로 들어가면 행랑마당이 나오는데, 여기에 행랑채가 있습니다. 행랑채는 집안의 하인이 머무르던 곳으로, 광과 방으로 되어 있습니다. 광에는 곡식들을 저장해 두지요. 행랑마당의 오른쪽으로 난 문을 통해 사랑마당을 지나면 사랑채에 오르게 됩니다.

사랑채는 집안의 남자들이 지내던 곳으로, 사랑방, 대청과 누마루, 침방, 서고 등으로 구성됩니다. 아버지가 쓰는 공간은 큰사랑이라고 하고, 아들이 쓰는 공간은 작은사랑이라고 했습니다. 사랑방은 주인이 머무르면서 손님들을 접대하고 자녀들을 교육하였던 공간으로, 집안에서 가장 중요한 곳이었습니다.

양반들은 가족이라고 해도 남자들과 여자들이 공간을 달리해서 생활했습니다. 행랑마당의 왼쪽으로 난 문을 통하면 집안 여자들이 머무르던 안채로 들어서게 됩니다. 안채는 대문에서 가장 먼 쪽에 자리를 잡아 다른 사람이 쉽게 접근하지 못하도록 만들었지요. 여자는 안에서 살림을 도맡아 하고 바깥출입은 삼가야 한다는 유교 규범의 영향 때문이었습니다.

안채는 안마당을 중심으로 안방, 대청, 건넌방, 부엌 등으로 구성되어 있습니다. 안채 옆으로 난 작은 문을 통하면 별당으로 들어서는데, 별당에는 며느리나 나이 많은 딸, 또는 노부부가 살았습니다.
사당은 조상을 모셔 제사나 차례를 지내는 곳입니다. 주로 높은 벼슬을 하는 양반 집에 있었습니다.
— 원영주, 「기와집의 구조」에서

조선시대 기와집의 구조를 설명하고 있는 글이다. 사랑채, 안채, 그리고 행랑채와 사당을 '구분'하여 '지정'과 '정의'의 설명방법으로 설명하고 있다. 특히 사랑채와 안채는 남자들과 여자들이 공간을 달리해서 생활했다는 '대조'의 방법을 사용하여 설명하고 있다.

그리고 "행랑마당의 오른쪽으로 난 문을 통해 사랑마당을 지나면 사랑채에 오르게 됩니다."라든지, "여자는 안에서 살림을 도맡아 하고 바깥출입은 삼가야 한다는" 등과 같은 부분에서는 '서사적 설명'의 방법도 적절히 활용하고 있음을 알 수 있다. 그만큼 조선시대 기와집의 구조를 설명하기 위해 설명의 다양한 방법을 효과적으로 사용하고 있는 것이다.

논증

논증은 어떤 논리를 이용하여 독자의 태도·관점·감정 등을 변화시키고자 하는 기술양식이다. 다시 말해서 논증이란 아직 명백하지 않은 사실이나 원칙에 대하여 그 진실 여부를 증명할 뿐만 아니라, 한 걸음 더 나아가 독자로 하여금 필자가 증명한 바를 옳다고 믿게 하고 그것에 의거하여 행동하도록 꾀하는 기술양식이다.

따라서 논증은 반드시 어떤 사실이나 원칙에 대한 갈등을 전제로 하고 있다. 증명까지가 논증의 소극적인 면이라면, 행동하고 사고하게 하려는 기도는 그 적극적인 면이다. 만일 증명에만 그치고 만다면 설명과 큰 차이가 없게 된다.

논증은 언제나 논증할 문제나 대상을 설정하여야 하며, 그것에 관한 명제에 대해서만 행해질 수 있다. 명제란 언제나 믿을 수 있고 부정할 수 없는 진술을 말한다. 그것은 필자의 신념, 주장, 판단, 지식, 식견 등을 드러낸 언어적 표현으로, 진위(眞僞 : 참과 거짓)를 가릴 수 있는 것이다. 따라서 명제는 증거에 의하여 입증되어야 한다. 증거 없는 명제의 논증은 성립할 수도 없고, 아무도 그것을 받아들이지 않을 것이다.

증거에 의하여 명제를 입증하는 재료를 논거(論據)라고 한다. 즉 근거의 확실성을 보장하는 것이 논거다.

논거에는 '사실논거'와 '소견논거'가 있다. 논거가 사실로서 인지되기 위해서는 신뢰성 있는 근거에 의해서 검증되거나 증명되어야 한다. 논거가 소견으로서 지닐 신뢰성은 그 소견을 가진 사람의 권위에 의존한다. 그러므로 소견논거를 택할 때는 그 권위가 갖는 시기와 분야 등을 고려하여 신중하게 선택하여야 한다.

우리가 내린 결론을 위해 논증이 잡혀졌다 해도 그것의 정당성 여부를 밝히지 않으면 안 된다. 그리고 그것은 추론(推論)에 의지할 수밖에 없다. 이런 의미에서 추론은 논증의 핵심이 된다고 할 수 있다. 곧 추론은 어떤 명제를 논거에 의하여 결론에 도달하기까지 논술하는 일련의 과정을 의미한다.

추론의 방법에는 일반적으로 '귀납추리'와 '연역추리'가 있다.

귀납추리란 특수한 사실을 전제로 하여 일반적인 사실이나 현상으로서 결론을 내리는 방법이다. 여기에는 일정수의 개별적인 사례에서 시작하여 같은 종류의 나머지 모든 사례도 같은 것이 되리라는 일반적인 결론에 도달하게 되는 '일반화'와, 만일 두 사례가 그 일정수의 개성에 있어서 비슷하다면 그 두 사례가 문제된 점에 있어서도 비슷하리라고 추단하는 '유추(類推)'가 있다.

일반화에는 가끔 귀납적 비약이라고 부르는 오류가 있게 되는데, 이 오류를 피하기 위해서는 다음에 유의하여야 한다.

① 필요한 만큼 충분한 상당수의 사례가 검토되어야 한다.
② 검토된 사례는 그 부류 중에서 가장 전형적인 것이어야 한다.
③ 만일 부정적인 사례가 있을 때는 반드시 해명되어야 한다.

유추를 할 경우에도 오류에 빠지지 않기 위해서는, 비교된 두 사례가 중요성의 정도에 있어서 서로 비슷해야 하고, 두 사례 사이의 차이가 항상 고려되어야 한다.

몇 개의 구성요소에 대해 옳은 것은 전체에 대해서도 옳다고 가정하는 귀납추리와는 달리, 연역추리는 한 부류에 대해서 옳은 것은 그 부류의 모든 구성요소에 대해서도 옳다고 가정하는 추론의 방법이다. 연역추리의 가장 전형적인 경우가 대전제, 소전제, 결론의 과정을 거치는 이른바 삼단논법이다.

  모든 사람은 죽는다.(대전제)
  소크라테스는 사람이었다.(소전제)
  그러므로 소크라테스는 죽었다.(결론)

그러나 이 세 부분이 잘못 연관되어 있을 때는 오류를 범할 우려가 있다. 특히 잘못된 전제나 빗나간 추론, 애매한 말이나 그릇

된 결론, 논점의 회피나 논의의 비약 등으로 인해 오류를 범하는 경우가 많다.

논증은 엄격히 말해서 독자의 이성에 호소하는 것이다. 그러나 최소한의 논리를 가지고 감정에 호소하는 '설득'도 논증을 위해 원용될 수 있다. 설득은 논증과 목적은 같으나 그 방법이 다르다고 할 수 있다.

다음의 예문은 논증 양식으로 이루어진 글이라고 할 수 있다.

우리는 대체로 머리끝에서 발끝까지를 서양식으로 꾸미고 있다. "목은 잘라도 머리털은 못 자른다."고 하던 구한말의 비분강개(悲憤慷慨)를 잊은 지 오래다. 외양뿐 아니라, 우리가 신봉하는 종교, 우리가 따르는 사상, 우리가 즐기는 예술, 이 모든 것이 대체로 서양적인 것이다. 우리가 연구하는 학문 또한 예외가 아니다. 피와 뼈와 살을 조상에게서 물려받았을 뿐, 문화라고 일컬을 수 있는 거의 모든 것이 서양에서 받아들인 것들인 듯싶다. 이러한 현실을 앞에 놓고서 민족 문화의 전통을 찾고 이를 계승하고자 한다면, 이것은 편협한 배타주의(排他主義)나 국수주의(國粹主義)로 오인되기에 알맞은 이야기가 될 것 같다.

그러면 민족 문화의 전통을 말하는 것은 반드시 보수적이라는 멍에를 메어야만 하는 것일까? 이 문제에 대한 올바른 해답을 얻기 위해서는, 전통이란 어떤 것이며, 또 그것은 어떻게 계승되어 왔는지를 살펴보아야 할 것이다.

연암(燕巖) 박지원(朴趾源)은 너무도 유명한 영조·정조 시대 북학파(北學派)의 대표적 인물 중의 한 사람이다. 그가 지은 '열하일기(熱河日記)'나 '방경각외전(放璚閣外傳)'에 실려 있는 소설이, 몰락하는 양반 사회에 대한 신랄한 풍자를 가지고 있을 뿐 아니라, 문장이 또한 기발하여, 그는 당대의 허다한 문사들 중에서도 최고봉을 이루고 있는 것으로 추앙되고 있다. 그러나 그의 문학은 패관 기서(稗官奇書)를 따르고 고문(古文)을 본받지 않았다 하여, 하마터면 '열하일기'가 촛불의 재로 화할 뻔한 아슬아슬한 장면이 있었다. 말하자면, 연암은 고문파(古文波)에 대한 반항을 통하여 그의 문학을 건설한 것이다. 그러나 오늘날, 우리는 민족 문화의 전통을 연암에게서 찾으려고는 할지언정, 고문파에서 찾으려고 하지는 않는다. 이 사실은, 우리에게 민족 문화의 전통에 관한 해명의 열쇠를 제시하여 주는 것은 아닐까?

전통은 물론 과거로부터 이어온 것을 말한다. 이 전통은 대체로 그 사회 및 그 사회의 구성원인 개인의 몸에 배어 있는 것이다. 그러므로 스스로 깨닫지 못하는 사이에 전통은 우리의 현실에 작용하는 경우가 있다. 그러나 과거에서 이어 온 것을 무턱대고 모두 전통이라고 한다면, 인습(因襲)이라는 것과의 구별이 서지 않을 것이다. 우리는 인습을 버려야 할 것이라고는 생각하지만, 계승해야 할 것이라고는 생각하지 않는다. 여기서 우리는, 과거에서 이어 온 것을 객관화하고, 이를 비판하는 입장에 서야 할 필요를 느끼게 된다. 그 비판을 통해서 현재의 문화 창조에 이바지할 수 있다고 생각되는 것만을 우리는 전통이라고 불러야 할 것이다. 이같이 전통은 인습과 구별될뿐더러, 또 단순한 유물과도 구별되어야 한다. 현재의 문화를 창조하는 일과 관계가 없는 것을 우리는 문화적 전통이라고 부를 수가 없기 때문이다.

그러므로 어느 의미에서는 고정불변(固定不變)의 신비로운 전통이라는 것이 존재한다기보다 오히려 우리 자신이 전통을 찾아내고 창조한다고도 할 수가 있다. 따라서 과거에는 훌륭한 문화적 전통의 소산으로 생각되던 것이, 후대에는 버림을 받게 되는 예도 허다하다. 한편, 과거에는 돌보아지지 않던 것이 후대에 높이 평가되는 일도 한두 가지가 아니다. 연암의 문학은 바로 그러한 예인 것이다. 비단 연암의 문학만이 아니다. 우리가 현재 민족 문화의 전통과 명맥(命脈)을 이어 준 것이라고 생각하는 것의 대부분이 그러한 것이다. 신라의 향가(鄕歌), 고려의 가요(歌謠), 조선 시대의 사설시조(辭說時調), 백자(白磁), 풍속화(風俗畵) 같은 것이 다 그러한 것이다.

한편, 우리가 계승해야 할 민족 문화의 전통으로 여겨지는 것들이 연암의 예에서 알 수 있는 바와 같이, 과거의 인습을 타파하고 새로운 것을 창조하려는 노력의 결정(結晶)이었다는 것은 지극히 중대한 사실이다. 세종 대왕의 훈민정음 창제과정에서 이 점은 뚜렷이 나타나고 있다. 만일 세종이 고루(固陋)한 보수주의적 유학자들에게 한글 창제의 뜻을 굽혔던들, 우리 민족 문화의 최대 걸작품이 햇빛을 못 보고 말았을 것이 아니겠는가?

원효(元曉)의 불교 신앙이 또한 그러하다. 원효는 당시의 유행인 서학(西學, 당나라 유학)을 하지 않았다. 그의 '화엄경소(華嚴經疏)'가 중국 화엄종의 제3조 현수(賢首)가 지은 '화엄경탐현기(華嚴經探玄記)'의 본이 되었다. 원효는 여러 종파의 분립(分立)이라는 불교계의 인습에 항거하고, 여러 종파의 교리(敎理)를 통일하여 해동종(海東宗)을 열었다. 그뿐만 아니라, 모든 승려들이 귀족 중심의 불교로 만족할 때에 스스로 마을과 마을을 돌아다니며 배움 없는 사람들에게 전도하기를 꺼리지 않은, 민중 불교의 창시자였다. 이러한 원효의 정신은 우리가 이어받아야 할 귀중한 재산이 아닐까?

겸재(謙齋) 정선(鄭敾)이나 단원(檀園) 김홍도(金弘道), 혹은 혜원(蕙園) 신윤복(申潤福)의 그림에서도 이런 정신을 찾을 수 있다. 이들은 화보 모방주의(畫譜模倣主義)의 인습에 반기를 들고, 우리나라의 정취(情趣)가 넘치는 자연을 묘사하였다. 더욱이 그들은 산수화(山水畵)나 인물화(人物畵)에 말라붙은 조선 시대의 화풍(畫風)에 항거하여, '밭 가는 농부', '대장간 풍경', '서당의 모습', '씨름하는 광경', '그네 뛰는 아낙네' 등 현실 생활에서 제재를 취한 풍속화를 대담하게 그렸다. 이것은 당시에는 혁명과도 같은 사실이었다. 그러나 오늘날에는 이들의 그림이 민족 문화의 훌륭한 유산으로 생각되고 있는 것이다.

요컨대, 우리 민족 문화의 전통은 부단한 창조 활동 속에서 이어 온 것이다. 따라서 우리가 계승해야 할 민족 문화의 전통은 형상화(形象化)된 물건에서 받은 것도 있지만, 한편 창조적 정신 그 자체에도 있는 것이다.

이러한 의미에서, 민족 문화의 전통을 무시한다는 것은 지나친 자기 학대에서 나오는 편견에 지나지 않을 것이다. 따라서 첫머리에서 제기한 것과 같이, 민족 문화의 전통을 계승하자는 것이 국수주의나 배타주의가 될 수는 없다. 오히려 왕성한 창조적 정신은 선진 문화 섭취에 인색하지 않을 것이다.

다만, 새로운 민족 문화를 창조하는 일이 단순히 과거를 묵수(墨守)하는 것이 아님과 마찬가지로, 또 단순히 외래 문화를 모방하는 것도 아님은 스스로 명백한 일이다. 외래 문화도 새로운 문화의 창조에 이바지함으로써 뜻이 있는 것이고, 그러함으로써 비로소 민족 문화의 전통을 더욱 빛낼 수가 있는 것이다.

— 이기백, 「민족 문화의 전통과 계승」 전문

'민족문화의 전통과 계승' 문제에 대한 필자의 신념, 주장, 판단, 식견 등을 논리적으로 드러내고 있다. 아울러 필자는 문제를 풀어 가는 자신의 논리를 이용하여 독자의 태도나 관점, 감정 등을 변화시켜, 결국에는 필자의 논리를 옳다고 믿고 행동하도록 유도하고자 한다. 이러한 동기나 의도에 의해 쓰여진 글이 곧 논증 양식이다.

논증은 논증할 문제나 대상을 설정하고, 그것에 관한 명제에 대해서만 행해질 수 있다. 위의 글에서 명제는 '3'의 마지막 부분에서 요약정리하고 있는 것처럼 "우리 민족 문화의 전통은 부단한 창조 활동 속에서 이어 온 것이다. 따라서 우리가 계승해야 할 민족 문화의 전통은 형상화된 물건에서 받은 것도 있지만, 한편 창조적 정신 그 자체에도 있는 것이다."라고 할 수 있다.

위의 글에서 필자는 그러한 명제를 입증하기 위하여 다양한 논거를 재료로 사용하고 있다. 사용하고 있는 재료는 연암 박지원의 문학, 원효의 불교 신앙 정신, 정선이나 김홍도, 신윤복의 그림 등이다. 필자는 그러한 논거들을 토대로 명제의 정당성 여부를 확고히 해 나가고 있으며, 그 과정을 통해 결론을 이끌어 내고 있다.

묘사

묘사는 필자가 감각을 통해 인식한 것을 독자로 하여금 생생하게 느끼고 경험하게 하고자 하는 기술양식이다. 즉 보고 들은 것이나 자신의 마음에 느낀 것을 감각적 언어로 그리는 기술양식인 것이다. 묘사는 사물의 형태, 색채, 감각, 향기, 소리 등과 같은 대상에서부터, 마음에 느껴지는 느낌이나 생각까지도 우리가 감각으로 파악할 수 있는 것이면 무엇이라도 될 수 있다.

자신이 그리는 대상이 어떤 인상을 주는가, 어떠한 성질을 가지는가, 무엇과 비슷한가? 하는 것들을 나타내려고 하는 것이 묘사 기술이다.

어디까지나 묘사는 그 대상의 부분이나 세부를 열거하는 것이 아니고, 전체와 부분, 부분과 부분의 조화・연관을 유지하면서 통일성 있는 그림을 언어로써 그리는 방식이다. 곧 대상을 일반화하거나 유형화하여 설명하지 않고, 그 구체적 모습을 생생하고 감각적으로 언어화시키는 것이다. 그러므로 묘사 기술에 있어서는 어떤 대상에 대한 정보나 지식의 전달이 중요한 것이 아니라 그 대상에서 받은 관찰자의 인상이 중요해진다.

특히 관찰자에게 가장 강하게 다가오는 지배적 인상을 중심으로 묘사하게 된다. 이 지배적 인상이라는 것은 외적 대상의 생김새 그 자체라기보다는 관찰자의 시점・위치・태도・개성・분위기 등에 의해 강한 영향을 받게 된다. 따라서 묘사 기술에서는 치밀하고 정교한 재현력(再現力)뿐만이 아니라 창조력과 형상력이 무엇보다 중요시된다.

그러나 대상의 세부를 감각적으로 열거하듯이 그리는 것만이 묘사가 아니다. 사물이나 현상을 효과적으로 묘사하기 위해서는 대상에 대한 통일된 인상, 단일한 기본 태도, 세부의 유기적 연결과 조성, 심정의 묘사와 비유 등에 유의하지 않으면 안 된다. 이것이 곧 묘사 기술에서 중시하는 재현력과 창조적 형상력이다.

묘사는 그 동기와 목적에 따라 암시적 묘사와 설명적 묘사로 나뉜다. 암시적 묘사는 인상의 표현과 전달에 그 목적이 있고, 설명적 묘사는 정보의 전달을 위해 묘사를 끌어다 사용하는 데 그 목적이 있다.

암시적 묘사는 우리가 보통 묘사라고 하는 것으로 직접적으로 감각기관을 통하여 인식하듯이 대상의 성질을 암시하려고 의도하는 것이다. 곧 상상력을 통하여 대상의 경험을 제시하려고 하는 것이 암시적 묘사이다. 반면에 묘사하는 사물에 관한 정보전달을 하는 경우가 설명적 묘사이다. 이때의 묘사는 사실상 설명의 한 방법이라고 할 수 있다.

다음의 예문은 묘사 양식으로 이루어진 글이라고 할 수 있다.

 허생원은 오늘밤도 또 그 이야기를 끄집어내려는 것이다. 조선달은 친구가 된 이래 귀에 못이 박히도록 들어왔다. 그렇다고 싫증을 낼 수도 없었으나, 허생원은 시치미를 떼고 되풀이할 대로는 되풀이하고야 말았다.
 "달밤에는 그런 이야기가 격에 맞거든."
 조선달 편을 바라는 보았으나 물론 미안해서가 아니라 달빛에 감동하여서였다. 이지러는 졌으나 보름을 갓 지난 달은 부드러운 빛을 흐뭇이 흘리고 있다. 대화까지는 팔십 리의 밤길, 고개를 둘이나 넘고 개울을 하나 건너고 벌판과 산길을 걸어야 된다. 길은 지금 긴 산허리에 걸려 있다. 밤중을 지난 무렵인지 죽은 듯이 고요한 속에서 짐승 같은 달의 숨소리가 손에 잡힐 듯이 들리며, 콩 포기와 옥수수 잎새가 한층 달에 푸르게 젖었다. 산허리는 온통 모밀밭이어서 피기 시작한 꽃이 소금을 뿌린 듯이 흐뭇한 달빛에 숨이 막힐 지경이다. 붉은 대궁이 향기같이 애잔하고 나귀들의 걸음도 시원하다. 길이 좁은 까닭에, 세 사람은 나귀를 타고 외줄로 늘어섰다. 방울소리가 시원스럽게 딸랑딸랑 모밀밭께로 흘러간다. 앞장선 허생원의 이야기 소리는 꽁무니에 선 동이에게는 확적히는 안 들렸으나, 그는 그대로 개운한 제 멋에 적적하지는 않았다.

— 이효석, 「모밀꽃 필 무렵」에서

    서정적인 아름다운 소설로 정평이 나 있는 이효석의 「메밀꽃 필 무렵」의 한 부분이다. 달밤에 하얗게 꽃이 피어있는 메밀밭을 나귀를 타고 대화 장터까지 팔십 리의 밤길을 걸어가는 세 사람의 정경이 생생하게 드러나 있다. 독자가 느끼는 그러한 감각적인 경험은 이 소설의 서술자가 대상을 감각적 언어로 그려내고 있기 때문이다.

    묘사는 이처럼 필자가 감각을 통해서 인식한 것을 독자로 하여금 생생하게 느끼고 경험하게 하고자 하는 기술 양식이다.

묘사는 보고 들은 것이나 자신의 마음에 느낀 것을 감각적 언어로 그리는 기술 양식이다. 문학작품이 묘사 양식을 많이 활용하는 것은 바로 생생한 현장감과 리얼리티를 작품 속에 형상하여 독자가 공감할 수 있도록 하기 위한 전략 때문이라고 할 수 있다.

이러한 묘사의 기술 양식은 소설과 같은 서사 문학에서도 흔히 활용되지만, 특히 시에서 가장 많이 사용된다. 시는 서정 문학으로 '서정(抒情)'이라는 명칭 자체가 곧 '감정을 묘사한다.'라는 개념이다. 그만큼 시는 장르적 특성상 인간(시적 화자)의 감정과 생각을 감각적 언어로 그려낸 문학인 것이다.

시작품을 통해 묘사 양식이 시를 형상하는 데 어떻게 활용되고 있는가를 살펴보자.

꽃잎이여 그대
다투어 피어
비바람에 뒤설레며
가는 가냘픈 살갗이여.

그대 눈길의
머언 여로(旅路)에
하늘과 구름
혼자 그리워
붉어져 가노니

저문 산 길가에 져
뒤둥글지라도
마냥 붉게 타다 가는
환한 목숨이여.

— 신석초(申石艸), 「꽃잎 절구(絕句)」 전문

 이 시는 짧은 순간동안 묵묵히 아름답게 피었다 사라지는 꽃의 존재를 의인화하여 묘사해 낸 작품이다.
 1연은 개화의 모습을 동적(動的)인 이미지로, 2연은 꽃이 활짝 핀 상태를 정적(靜的)인 이미지로, 그리고 3연은 꽃으로서의 생을 다하고 떨어지는 낙화(落花)의 모습을 동(動)과 정(靜)의 이미지를 통합시켜 감각적으로 그려내고 있다.
 1연에서는 꽃을 이루는 꽃잎을 '가냘픈 살갗'으로 비유함으로써 주위의 '비바람'에도 흔들리는 나약한 모습으로 그려내면서도 '다투어' 피는 생의 욕구와 강렬한 생명력을 형상화하고 있다.
 2연에서는 활짝 피어 가는 꽃을 '하늘과 구름/ 혼자 그리워' 붉어져 간다고 감각적으로 묘사하고 있다. 이는 1연의 '비바람'과 대조되는 이미지로서 이상과 꿈에 대한 그리움 자체를 의미한다고 볼 수 있다. 즉 꽃은 주위의 작은 변화에도 흔들릴 만큼 나약한 존재이지만 오직 제 스스로의 그리움으로 강렬한 생명력을 키워 묵묵히 개화한다는 의미인 것이다.
 3연에서는 혼자만의 그리움과 스스로의 생명력으로 꽃을 피웠

던 것처럼 꽃의 생을 마감하는 마지막 순간까지도 '환한 목숨'으로 최선을 다하는 모습을 묘사하고 있다.

절제된 감정으로 대상의 묘사에 철저히 몰입함으로써 이미지 형상에 성공하고 있다. 그리고 '뒤설레며'와 '뒤둥글지라도'와 같은 시어의 적절한 배치라든지 '~이여'의 각운(脚韻) 효과는 물론, '비바람, 하늘과 구름, 산' 등의 제재 선택과 붉은 색채의 이미지 조성 기법이 이 시의 내용과 형식을 매우 유기적인 구조로 이루어 내고 있다.

'마냥 붉게 타다 가는/ 환한 목숨'의 꽃잎처럼 자신의 삶이 생명을 다하는 그날까지 숭고하고 엄숙한 그리움과 생명력으로 충만한 아름다운 삶이 되기를 희구하는 주제를 담고 있는 작품으로 볼 수 있다.

서사

서사는 어떤 일이 일어났으며, 그것이 어떻게 해서 일어났는가를 독자에게 제시한다. 즉 시간의 경과 속에서 일어나는 사건의 계기를 서술하는 양식이다. 따라서 모든 서사는 의미 있는 행동의 시간적 과정을 서술하기 때문에 근본적으로 이야기의 형식을 취한다. 보통 서사라고 하면 소설 같은 허구의 이야기가 연상되나, 그러한 것은 어디까지나 서사형식의 일부에 지나지 않는다. 일반적으로 소설, 희곡, 영화, 수기, 전기, 역사, 기사, 일화 등의 기술이 서사양식을 이용한다.

　서사는 그 목적에 따라 크게 두 종류로 나누어진다. 소설, 민담, 설화, 희곡 등과 같이 사건을 서술하되 행동 그 자체에 목적을 둔 것은 일반적 서사이고, 역사, 전기, 기사와 같이 어떤 사실을 설명하고 알리는 데 목적을 둔 것은 설명적 서사이다.

　그런데 모든 행동이나 사건은 시작, 진행, 끝이 있게 마련이다. 서사는 곧 처음에 일어난 일에서 시작하여 중간 과정을 거쳐 끝마무리로 옮겨가면서 사건의 변화를 기술해 나가면 되는 것이다. 그런데 경우에 따라서는 실제 사건의 발생 순서와는 다르게 이야기를 엮어 나가는 일도 있다. 그러한 서사는 필자가 의도적으로 이야기의 순서를 꾸미고자 할 때 쓰인다. 이런 방법은 특히 소설이나 희곡, 영화 등에서 특별한 효과를 거두기 위해서 흔히 사용된다.

　서사 양식의 기술에서 특히 유념하여야 할 사항은 다루는 행동과 사건들이 어떤 '의미'를 드러내도록 엮어지지 않으면 안 된다는 사실이다. 즉 서사에서 다룬 행동이나 사건은 우리에게 무엇인가 흥미 있고 가치 있는 것을 느끼거나 깨닫게 해 주어야 한다는 것이다.

　다루는 행동이나 사건들이 우리의 흥미를 끌고 어떤 의미를 느끼도록 해 주기 위해서는 그것들이 서로 인과관계로 엮어져야 한다. 그 인과관계의 맺음은 필자의 개성과 창조적 구성력에 달려 있다. 따라서 필자는 행동이나 사건이 지닌 의미를 깊이 살피고 그것을 효과적으로 드러낼 수 있도록 이야기를 엮어 나가려고 애써야 할 것이다.

다음 예문은 서사 양식으로 이루어진 글이라고 할 수 있다.

그는 채널을 돌려가면서 비슷한 내용으로 편집된 속보를 물리지도 않고 보았다. 그는 또한 예외적으로 뉴스 속보를 녹화까지 했고 텔레비전이 종영된 다음 그 테이프를 두어 차례 돌려 보고서야 잠자리에 들었다. 태풍은 그가 잠을 자는 동안 그가 사는 지역보다 한참 아래쪽을 휩쓸고 동해 바다로 빠져나갈 것이었다. 아래쪽이야 어떻든 그와 직접적인 관계는 없었다. 그는 태풍은 태풍, 아래는 아래, 동해는 동해, 신도시는 신도시, 나는 나라고 중얼거리면서 잠을 청했다. 그러나 깊이 잠들지 못했다. 그의 귓속에서 바람이 억울하게 혼난 아이처럼 울부짖었기 때문이다. 창밖에서 태풍이 보낸 바람의 정탐병이 겁에 질린 어른처럼 부르짖었기 때문이다.

잠을 설치던 그는 새벽녘에 아파트 바로 뒷산에서 들려오는 사람의 소리를 들었다. 어느 날, 어느 새벽과 다름없는 '야호 소리'였다. 태풍이 지나갔는데도 신도시의 뒷산과 신도시의 뒷산에 오르는 사람들이 불러대는 야호는 음소, 어감, 억양, 시간 어느 것 하나 달라진 게 없었다. 그는 문득 그 소리가 괘씸하다고 생각했다. 그래서 그는 한 번도 가본 적이 없는 산꼭대기에 가리라고 결심했고 잠든 식구들을 깨우지 않으려고 조심하면서 옷을 입고 신을 신었다.
 사내는 숲의 입구에서 잠시 발목과 무릎을 부드럽게 하기 위해 운동을 한다. 그건 오래 전부터의 버릇이다. 소시적에 산을 타본 경험이라면 그도 남 못지않다. 산을 타기 전에 발목 운동을 하게 된 것은 언젠가 북쪽의 높은 산에 갔다가 발목을 접질린 경험이 있기 때문이다. 무릎 운동을 하게 된 것은 언젠가 남쪽의 큰 산에서 내려오다가 무릎을 삔 경험이 있기 때문이다. 이윽고 그는 산으로 들어서서 자그마한 계곡 물에 놓인 돌다리를 건넌다.
―성석제, 「금과 은의 왈츠」에서

 시간의 경과 속에서 일어나는 '그'의 행동과 사건을 서술하고 있다. 즉 그가 잠자리에 들기 전에 한 행동들, 새벽에 뒷산으로 오르려고 준비하는 동안의 주변 행동들과 '그'의 생각, 그리고 산으로 들어서면서 하는 행동과 사건들이 이야기 형식으로 서술되고 있다.
 작품 전체를 종합적으로 검토해 보면, 서술된 모든 행동과 사건들은 어떤 '의미'를 드러내도록 엮어져 있으며, 독자에게 무엇인가 흥미 있고 가치 있는 것을 느끼거나 깨닫게 해 준다.
 지금까지 네 가지의 기술 양식을 살펴보았다. 그러나 이 네 가지 기술 양식이 실제 글에서 아주 순수한 모습으로 나타나는 경우는 별로 없다. 가령 소설이 서사나 묘사를 주로 하되 때로는 설명이나 논증 양식까지도 가지고 있는 경우를 얼마든지 확인해 볼 수 있다. 어떤 사회적 사건을 다룬 잡지기사는 기본적으로는 설명 양식이겠지만, 궁극적으로는 어떤 정책의 필요성을 설득시키고자 하는 목적을 가진 논증 양식이 될 것이다. 사실상 설명과 논증은 혼합되어 사용되는 경우가 많다. 그러나 실제의 글에 있어서 언제나 위의 네 가지 양식 중 어느 하나가 주된 양식이 되고, 다른 양식이 덧붙혀 나타난다 해도 그것은 어디까지나 주 양식을 보조하는 것이어야 한다.

뒷받침 제재는 적절히 준비되는가

주제가 명확하게 파악되어 필자의 구체적인 관점이나 태도가 드러난 주제문까지 마련되었다 하더라도 곧바로 글을 써 나간다는 것은 거의 불가능하다. 자신의 지식이나 기억만으로 글을 쓴다는 것은 그렇게 쉽지 않기 때문이다. 게다가 문헌조사가 필요한 경우도 있을 것이며, 실물조사, 현장조사, 실험 등이 필요한 경우도 있을 것이다.

일단 주제가 정해지고 글의 양식까지 결정되었으면, 다음으로는 그 주제를 살려 구체적으로 전개시킬 수 있는 제재(題材)를 구해야만 한다. 소재(素材)가 글을 이루는 재료라면, 제재는 소재 중에서도 주제를 뒷받침하는 소재, 즉 주제를 명확하고도 효율적으로 독자에게 전달해 주는 소재라고 할 수 있다.

이렇게 글쓰기 전에 주제를 전개시킬 수 있는 제재를 모으는 일을 취재(取材)라고도 한다. 취재는 많이 할수록 좋겠지만, 많은 시간을 취재에만 할애할 수도 없는 일이다. 따라서 가장 효율적으로 취재하는 요령이 필요하다. 효과적인 취재를 위해 다음과 같은 요건을 갖춘 재료들을 선별적으로 모아야 한다.

첫째, 풍부하고 다양해야 한다. 제재가 풍부하고 다양할수록 문장도 다채로워지고 윤색이 짙어질 수 있으며, 주제는 더욱 선명하게 부각될 수 있다. 그러나 다양하고 풍부한 자료는 자칫 글의 통일성을 해치기 쉽다. 제재가 아무리 풍부하고 다양할지라도 제재 사이에 질서정연한 논리가 배제된다면 그 글의 주제는 혼돈상태로 빠져들고 말 것이다. 취재의 원천은 경험, 관찰 및 조사, 독서, 청취, 사유(思惟) 등 실로 다양하다.

둘째, 확실해야 한다. 취재된 자료들은 출처가 명백하고 모호함이 없어야 하며, 합리적이며 보편타당하게 받아들여질 수 있는 것이어야 한다. 아울러 논리적인 오류나 임의적인 해석이 포함되지 않은 것, 가능한 한 자신의 체험이나 지식으로 판단할 때 진실되다고 생각되는 것들을 선택하도록 노력해야 한다. 또한 자료의 해석과 취사선택에 있어서 자신의 주관이 지나치게 작용하지 않는 공평무사한 태도를 가지고 임해야 한다.

셋째, 주제를 뒷받침할 수 있는 것이어야 한다. 자료가 아무리 풍부하고 다양하며 가치가 있을지라도 그것들이 주제와 관련되지 않을 때에는 아쉽더라도 반드시 빼 버려야 한다. 제재는 다양한 소재들 중에서 주제를 뒷받침하는 데 필요한 자료이기 때문이다.

넷째, 독자와 필자 모두에게 관심거리이어야 한다. 관심거리인 제재를 취한다는 것은 곧 흥미로운 것을 취재한다는 이야기다. 모두에게 관심거리가 될 만한 제재야말로 주제를 효과적으로 전개해 나가는 데 매우 중요한 요소이다.

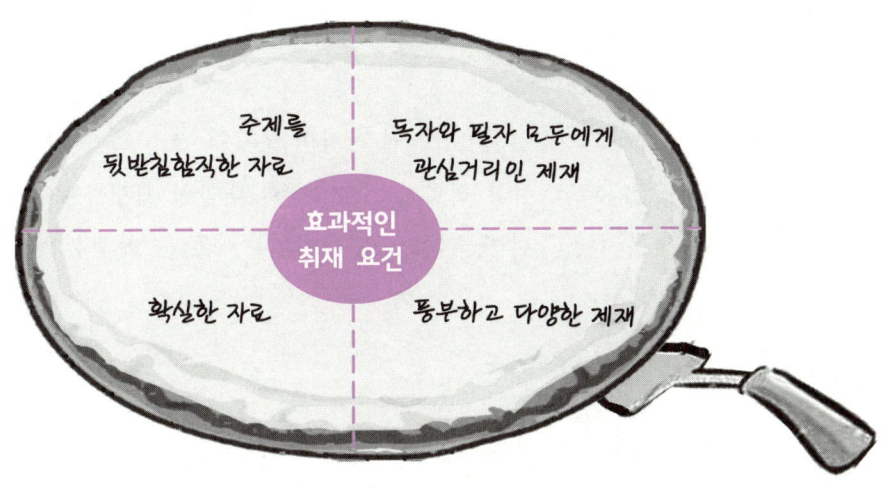

이 네 가지 요건을 갖춘 제재가 모아졌으면 그 다음으로는 기술해 나갈 때 가장 효율적으로 사용할 수 있도록 그것들을 정리해 놓아야 한다.

제재의 정리는 첫째, 내용 면에서 동일한 사항(동일한 논점)에 관한 것과 그렇지 않은 것을 구분하고, 둘째, 중요성이라는 면에서 주요사항(주요논점)에 관한 것과 종속사항(종속논점)에 관한 것으로 분류한다.

어떤 구상에 맞추어 쓸 것인가

주제가 정해지고, 내 글을 읽게 될 가상의 독자와 글을 쓰는 의도와 목적이 정리되고, 가장 적절한 기술양식과 뒷받침 제재를 위한 취재가 마무리되고 나면, 다음으로 해야 할 일은 구상이다.

구상은 글을 써 나가기 전에 글의 구조를 생각하여 어떤 내용을 어떤 순서로 배열할 것인지 미리 설계하여 글을 더 수월하고 짜임새 있게 써 나갈 수 있도록 하기 위한 일종의 설계도이다.

구상은 글에 통일적인 맥락을 부여하는 일이기 때문에 다음 세 가지 기준에 유의하여 작성하여야 한다.

첫째, 글 전체가 산만하지 않게, 쓰고자 하는 주제에 의해 통일되도록 하여야 한다.

둘째, 글의 앞뒤가 중간에 달라지지 않도록 부분과 부분이 논리적으로 일관되게 하여야 한다.

셋째, 주제나 강조하는 핵심이 적절히 갖추어져 있어야 한다.

한마디로 구상은 글의 삼대 요소인 통일성, 일관성, 강조성을 항상 유념하여 이루어져야 한다.

구상의 종류

구상은 글을 쓰는 의도와 목적, 또는 필자의 편의성에 따라 다양한 방식을 취할 수 있는데, 크게 전개적 구상과 종합적 구상으로 나뉜다.

전개적 구상은 시간적 순서나 공간적 질서에 따라 제재를 배열하여 그것으로 글의 구조를 삼으며, 종합적 구상은 필자의 주체적 의지에 따라 우선 제재를 검토한 후 논리적 관계를 바탕으로 글의 구조를 결정한다. 따라서 전개적 구상을 자연적 구상, 종합적 구상을 논리적 구상이라고도 한다.

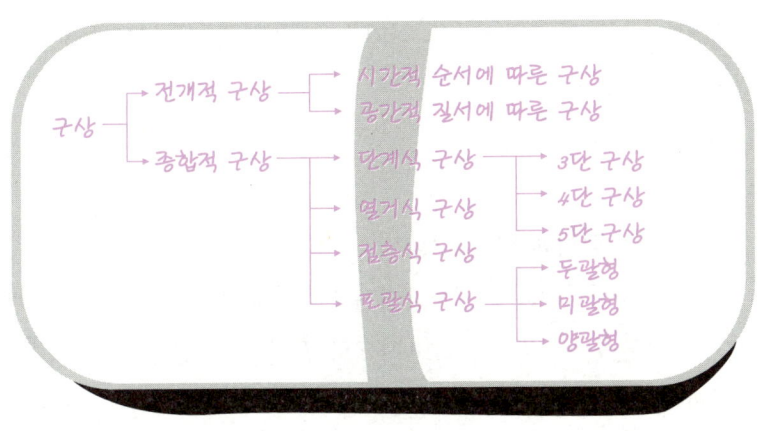

구상의 종류

전개적 구상은 시간의 순서나 공간의 질서에 따르는 방식뿐이지만, 종합적 구상에는 3단·4단·5단법의 단계식 구상, 열거식 구상, 점층식 구상, 두괄·미괄·양괄형의 포괄식 구상 등이 있다.

① 시간적 순서에 따른 구상

종합적 구상은 서론에서 결론으로, 원인에서 결과로 진행되는 정통적인 방식인 데 반해, 시간적 구상은 여러 개의 사건이나 사실들을 시간의 축을 이용하여 배열하는 방식이다.

이 구상법은 일의 발생, 진행 등의 시간적 경과를 따라서 글의 줄거리를 엮는 방식으로 장기간의 직접체험이나 기억을 재생하는 데 좋은 방법이다.

역사나 행동의 기록 같은 전기류(傳記類)나 서사문(敍事文)에 적합하며 또 '…의 사용 방법', '…의 제작법' 등의 설명문에도 사용될 수 있다.

② 공간적 질서에 따른 구상

공간적 질서에 따른 구상 방법은 지세(地勢), 생물의 형태, 기계의 구조에 관한 설명이나 일반적으로 공간 속에 존재하는 사물을 묘사할 때 쓰일 수 있는 구상법이다. 이외에 기관이나 단체의 기구나 조직 등을 설명, 기술하는 경우에도 효과적이다.

실제에 있어서는 먼저 전체의 윤곽을 드러내 보이고 점차로

각 부분이 그 전체와 어떻게 관련되는가를 밝혀 나가는 것이 좋다.

일정 기간 어느 곳을 여행하여 기행문을 쓴다고 할 경우에는 시간적 순서에 따른 구상과 공간적 질서에 따른 구상이 서로 어우러져서 상호보완적인 구상으로 이루어지는 경우가 일반적이다.

③ 삼단 구상

단계식 구상에서 옛부터 널리 쓰이던 것으로서 가장 기본이 되는 일반적인 구상법이 삼단 구상이다. 이 구상은 '서론-본론-결론', '도입-전개-정리', 또는 '서(序)-파(破)-급(急)' 등 삼분된 명칭으로 불려 왔다.

이 방법은 주제에 의해서 문장 전체를 긴밀하게 통제할 수 있는 이점이 있다. 비교적 단조롭다고 할 수 있으나 주제를 빠르고 간결하게 전달하는 방법으로는 가장 손쉽고 기본적인 형태이다.

삼단 구상의 논리적 전개 양상은 일반적으로 다음과 같은 특질을 지닌다.

첫째, 도입부는 화제를 다루게 된 동기나 배경, 화제의 범위나 성격, 화제를 바라보는 관점, 화제를 다루는 이론이나 방법 등을 제시하게 된다.

둘째, 전개부는 화제의 문제거리를 몇 갈래로 나누어서 부문별로 다루고, 이에 필요한 풀이, 분석, 예시, 입증 등의 방법으로 전개해 간다.

셋째, 정리부는 전개부에서 다룬 문제를 정리하거나 요약한다.

도입부에서 주제문은 전개부로의 전이(轉移)를 편리하게 해 주기 위해 도입부 단락의 말미에 오는 것이 좋다. 전개부에서는 시작하는 앞부분과 전개부가 끝나는 마지막 부분에서 주제문을 다시 강조하며, 정리부에서는 그 시작하는 부분에 주제문을 재확인시키는 것이 보다 효과적이다.

④ 사단 구상

사단 구상은 원래 한시(漢詩)의 절구(絕句)나 율시(律詩)의 작법에서 유래한 방법으로 기(起)-승(承)-전(轉)-결(結)의 전개를 보이는 구상법이다. 삼단 구상과 같이 단조롭게 일관성만을 좇는 것이 아니라 변화도 추구하여 그만큼 다양성의 효과가 큰 방법이다.

기는 도입, 승은 계승(繼承)에 해당한다면, 전은 논리나 화제를 다른 곳으로 변화를 주어 전환시키는 부분이다. 실제로 전은 글 속에서 대체로 '그러나', '그렇지만' 등과 같은 역접의 형태로 시작하는 것이 보통이다.

사단 구상은 삼단 구상과 대비하여 이해할 수도 있다. 즉 '기·승—도입, 전—전개, 결—정리'로 이해하거나, '기—도입, 승·전—전개, 결—정리'로 이해할 수 있다. 두 번째의 경우에 전은 화제에 분규를 일으켜 문제거리를 다양화하였다고 볼 수 있다.

⑤ 오단 구상

오단 구상은 동기부여 구상이라고도 한다. 이것은 사고의 기틀을 잡아서 그 사고를 발전시켜 나가다가 마침내 필자가 바라는 바의 행동에까지 나아가도록 동기를 부여하는 순서에 의거한 구상법이다. 자주 이용되는 구상법은 아니나 광고, 보고, 설득, 논설 등의 글에 쓰일 수 있다.

제 1단은 화제에 주의를 모으는 단계이고, 제 2단은 흥미를 느낀 독자가 제시된 문제에 이끌리는 단계이다. 이어 제3단은 문제에 대한 해결법을 제시하는 단계이고, 제 4단은 그러한 해결법을 구체화하고 그 유효성을 실증하는 단계이다. 끝으로 제 5단은 독자의 결심을 촉구하여 행동으로 유도하는 단계이다. 이를 삼단 구상과 비교하면 1, 2단은 서론, 3, 4단은 본론, 5단은 결론에 해당한다고 볼 수 있다.

⑥ 열거식 구상

열거식 구상은 어떤 의견을 간결하게 진술할 때 사용하는 방법으로, 특별히 중요하다고 생각되는 문제를 몇 가지 강조하여 밝힐 때 주로 쓰인다. 단계식 구상과는 달리 문제와 문제 사이의 관련이 특별히 긴밀할 필요도 없고, 논리적인 연관성이 꼭 필요한 것도 아니다. 따라서 이것은 글 전체보다는 부분에서 사용되는 경우가 일반적이다.

⑦ 점층식 구상

중요성이 덜한 것에서부터 더한 것으로 점차 나아가는 구성 방법인데, 가장 강조되거나 중시되는 부분이 글의 말미에 오게 된다. 이러한 구성을 거꾸로 하게 되면 이른바 점강식이 될 것이다. 이 구상법도 글 전체에서 일관되게 사용되기는 어렵다.

⑧ 포괄식 구상

글의 결론에 해당하는 부분, 또는 단락의 소주제문이 글의 첫머리에 오느냐, 글의 끝 부분에 오느냐, 앞뒤에 다 오느냐에 따라 두괄(頭括), 미괄(尾括), 양괄(兩括)로 나눈다. 의도한 글의 주제를 전달하는 데 가장 효과적인 장소가 어디인가를 심사숙고하여 최선의 위치를 선택하여야 할 것이다.

아우트라인 작성

머리 속에서 구상이 일단 이루어지면, 그것을 표면적으로 도식화하여 기술해야 한다. 이를 아우트라인 작성, 또는 개요 작성이라고 한다. 한마디로 글의 설계도라고 할 수 있다. 글을 써 나가기 전에 어떤 내용을 어떤 순서로 배열하고, 글의 구성을 어떻게 엮을 것인지를 미리 정리해 놓으면 글을 더 수월하고 짜임새 있게 써 나갈 수 있다. 이처럼 아우트라인 작성은 글쓰기 전 전략의 최종단계이며, 좋은 글을 쓰는 데 가장 기본적인 틀짜기이다.

아우트라인을 작성할 때에는 계층적인 구조를 따르는 것이 좋다. 즉 상위 논점과 하위 논점의 주종관계를 살펴야 하고, 같은 크기의 논점들 상호간의 대등관계 등에 유의해야 한다.

아우트라인 작성을 위해서는 다음과 같은 일정한 절차를 밟아 나가는 것이 좋다.

첫째, 주제와 그에 종속하는 논점을 찾는다.

둘째, 각 논점에 포함되어 있는 세부항목을 찾는다.

셋째, 주제, 논점, 세부항목의 목록을 작성하여 아우트라인을 완성시킨다.

───────────── 아웃라인 작성 절차 •••

아웃라인을 작성할 때 형식상으로는 다음과 같은 요건을 갖추어야 한다.

첫째, 항목의 번호는 일관성 있게 달아야 한다.

둘째, 자매항목이 없는 항목은 설정할 수 없다.

셋째, 항목의 제목으로 어구나 문장을 섞어 쓰지 말아야 한다.

넷째, 상위항목과 하위항목의 제목이 같아서는 안 된다.

다섯째, 서론, 본론, 결론과 같은 막연한 제목보다는 내용을 구체적으로 표현하는 제목을 다는 것이 좋다.

이처럼 아웃라인을 작성함에 있어서는 각각의 항목이 중심점을 가지고 있는지를 살피면서 항목 상호간의 논리적 연관관계에도 조심하여야 한다.

아우트라인 작성은 글쓰기 전의 전략 중에서 가장 중요한 일이다. 글쓰기 전의 모든 전략은 이 아우트라인에 집결된다고 해도 과언이 아니다. 아우트라인은 글을 쓰는 도중에 일어날지도 모르는 혼란과 탈선, 불필요한 중복과 되풀이, 내용의 망각, 균형의 파괴 등을 예방할 뿐만 아니라, 실제로 글을 쓰는 과정에서 지금 어디쯤 쓰고 있는 중인가를 항상 지시해 준다.
　그러나 완벽한 아우트라인 작성은 사실상 기대하기 어렵다. 따라서 이미 최선을 다해 작성된 아우트라인에 따라 글쓰기를 진행하되, 반드시 따라야 한다는 강박감을 가질 필요는 없다. 글을 쓰는 도중에라도 정말 필요하다고 생각되는 새로운 아이디어가 떠오르거나 글 전체의 균형을 고려하여 더욱 중요하다고 생각되는 것이 있다면 얼마든지 고치거나 수정 보완할 수도 있다.

　아우트라인은 그것을 이루고 있는 항목의 성질에 따라 세 가지 종류로 나눌 수 있다. 어구형 아우트라인은 단어나 구로 표현한 것이고, 문장형 아우트라인은 문장으로 표현한 것이다. 혼합형 아우트라인은 이 두 가지를 혼합한 형태인데 각 항목의 주제목은 어구로, 부제는 문장 형식으로 표현한 것이다. 그렇다고 이 중의 하나를 반드시 따를 필요는 없다. 아우트라인을 작성하는 목적에 가장 잘 부합하는 형식이 있다면, 얼마든지 새로운 형태가 가능할 것이다.

다음은 '문학의 위기'라는 주제로 이 책의 필자가 직접 쓴 글이다. 이 글을 완성해 나가기 위해 필자는 우선 다음과 같은 아우트라인을 작성하였다.

제목 : 오늘날 문학은 과연 위기인가
개요 :
Ⅰ. 서론 — 문학의 위기진단
  1. 후기 산업사회와 문학의 위치(①)
  2. 현대인들의 여가생활(②)
Ⅱ. 본론 — 영상매체나 기록물의 감동과 문학작품의 감동 대조
  1. 실감의 감동을 추구하는 현대인들([③—④] → ⑤)
  2. 사회·역사적 사실의 영상자료나 기록물／그것을 제재로 한 문학작품과의 비교(⑥ → ⑦)
  3. 문학이 소외되는 또 다른 요인 — 작가와 독자의 문제(⑧)
Ⅲ. 결론 — 문학은 위기가 아니라 영상매체의 범람 속에서 잠시 침체되어 있을 뿐이다.(⑨)

위의 아우트라인을 글쓰기의 출발점으로 삼아, 글쓰기의 다양한 전략에 따라 최종적으로 완성한 글은 다음과 같다.(위 아우트라

인의 세부항목 끝에 넣은 번호는 글쓰기가 완성된 후 얻어진 단락의 일련번호이다.)

① 오늘날 문학에 대해 논한다는 것은 이미 그 자체가 한담이거나 여가선용 정도로 취급되고 있다. 후기 산업사회에 접어들면서 이제 문학은 그 정체성을 상실한 것은 물론 문학 본래의 감동마저 실종된 채, 시대의 이슈를 재빠르고 당돌하게 묘사한 베스트셀러의 목록이나 성적 묘사의 노골성과 기이성에 대한 호기심의 대상 정도로 전락하고 말았다.

② 현대인들의 여가는 대부분 TV나 비디오를 보거나 현란한 멀티미디어의 기계놀이에 바쳐지고 있으며, 핸드폰의 파열음에 귀를 세우고 있다. 한 줄의 시구(詩句)에 가슴 저미고 한 편의 소설에 분노하고 눈물짓는 것은 이 시대에 맞지 않는 겸연쩍은 일이 되었는지도 모른다. 편안히 의자에 앉아서 간단한 손장난을 하기만 하면 그 엄청난 영상과 소리가 나를 재미있게 만들어 주기 때문이다.

③ 그런데도 참으로 이상한 일이 있다. 프로축구가 있는 경기장에는 관중이 모여든다. 관심 있으면 그냥 텔레비전 중계를 보면 될 텐데. 피서철이면 그 힘겨운 교통난을 기어이 뚫고 피서지나 유원지에 발 디딜 틈도 없이 인산인해를 이룬다. 그냥 바다와 산의 풍경을 비디오에 담아 안방에서 편안히 보면서 피서하면 될 텐데. 인간은 왜 여전히 반복되는 자연의 섭리와 운행을 경이로워

하고 사랑의 정서나 죽음의 공포에 함몰되는가.

④ 경기장에 직접 가서 축구경기를 본 사람은 알 것이다. 동해의 그 출렁이는 푸른 바다와 계곡의 시원한 물에 발을 담궈 본 사람은 알 것이다. 자연의 신비로운 호흡에 관심을 가져본 사람은, 사랑과 죽음의 불가사의에 고뇌해 본 사람은 알 것이다. 영상과 기록을 통해 보고 아는 것과 실제로 체감해 보는 것이 얼마나 다른가를. 문학은 바로 이 같은 실감의 감동을 본질로 한다.

⑤ 문학의 감동은 영상매체처럼 단순히 보고 이해하는 데서 수동적으로 얻어지는 감동이 결코 아니다. 문학의 감동은 내가 작품 속에 적극적으로 참여하여 내가 느껴가는 나만의 살아 있는 감동인 것이다. 영상제작자의 카메라 렌즈에 의해 획일화되고 계획된 감동이 아니라 나의 자의적인 카메라로 내가 창조해내는 체험적 감동이 곧 문학의 감동인 것이다. 그만큼 영상은 다수의 시청자 집단을 향하고 있지만 문학작품은 독자 개인 개인에게 다양한 모습으로 다가선다.

⑥ 또한 일제 강점기의 참담한 민족현실을 추적해 보고자 할 때에는 당시의 영상자료나 기록물들을 보면 이해할 수 있지만, 조명희의 「짓밟힌 고려」나 최서해의 소설들을 보면 이른 바 실감의 감동을 체험할 수 있다. 1970년대 산업화 과정에서 삶의 터전을 잃어버린 변두리 주민들의 생활과 노동현장을 체험하려면, 당시의 신문기사나 역사적 기록물들보다는 그러한 역사를 문학으로 새긴 조세희의 「난장이가 쏘아 올린 작은 공」이나 황석영의 「객지」, 윤흥길의 「아홉 켤레의 구두로 남은 사내」 등을 읽으면 보다 깊이 실감할 수 있다. 또한 광주민주화 운동은 임철우의 「그리운 남쪽」이나 송기숙의 소설들을, 오늘날 여성문제는 여성문제연구소의 데

이터나 여성학자의 연구보고서를 통해서보다는 고정희나 천양희의 시작품들과 박완서, 김채원, 오정희 등의 이른 바 페미니즘 소설을 통해서 훨씬 더 가슴깊이 체감할 수 있다.

⑦ 이처럼 인생에 대한 많은 생각은 물론 사회·역사적 문제에 이르기까지도 관련된 자료물들을 통해서보다도 그것을 제재로 한 문학작품을 통해 우리는 보다 생생한 체험을 공감하게 되는 것이다. 모든 사실에 대한 기록은 과거완료형으로, 그리고 3인칭인 '그'의 사건과 이야기로 제시될 뿐이지만 문학작품에 재현되는 사상과 감정은 작가의 혼이 담겨있는 살아있는 현재형으로, 그리고 1인칭인 '나'의 사건과 감정으로 우리를 일깨우기 때문이다.

⑧ 시인하고 싶지 않은 문제지만 감동은 멀어가고 기교와 상업성만 커져가고 있는 것이 오늘날 문학의 병폐라고 할 수 있다. 포스트모더니즘이란 미명아래 작위적인 언어유희나 대체서사, 해체시와 같은 국적도 알 수 없는 실험작품(?)들을 양산하고 있는 작가들에게도 문제가 있지만, 낯간지럽고 원색적인 문학작품 광고에 마취되어 작품을 선택하고 독서하는 독자의 무분별한 태도에 더 큰 문제가 있다. 사실 자기 동일성을 끊임없이 추구해 가는 문학의 정체성을 조용히 지속하고 있는 작품들이 과거 어느 때보다도 많다. 다만 그러한 작품을 가려내는 독자의 적극적이고 능동적인 자세가 부족한 것이다.

⑨ 후기 산업사회와 관련하여 문학이 위기를 맞고 있다고 진단하는 것은 실은 문학에 애정을 갖고 있는 사람들의 우려라고 생각한다. 오늘날 문학은 위기가 아니라 영상매체와 멀티미디어의 범람 속에서 잠시 소외되고 있을 뿐이다. 현대인들은 빠르게 즉각적으로 감동받기를 기대한다. 이는 곧 영상이 주도하는 상업적인 음

모가 도사리고 있는 꼭두각시적 감동에 길들여졌기 때문이다. 문학은 그러한 현대인들에게 언제라도 다시 다가설 준비가 되어 있다. '인간이란 무엇인가, 인생이란 무엇인가'를 끊임없이 질문하는 인간이 있는 한 문학은 존재할 것이며, 존재할 필요가 있는 것이다. 문학은 곧 그 가장 원형적인 인간의 의문을 가장 진지하게 되질문하는 것이기 때문이다.

글쓰기 중의 전략

어떻게 쓰고 있는가

__아우트라인에 따라 쓰고 있는가
__정확하고 효과적인 문장으로 쓰고 있는가
__주제는 전략적으로 강조하고 있는가
__단락의 소주제문은 적절하고, 뒷받침문장들은 바람직한가
__단락의 연계가 유기적으로 이어지고 있는가

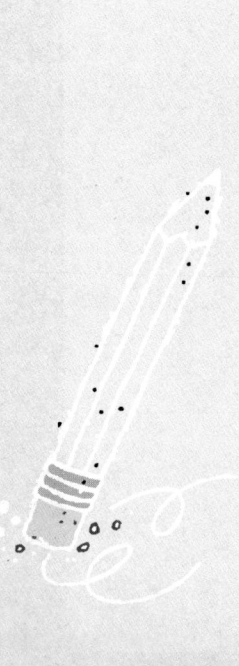

글쓰기 중의 전략—어떻게 쓰고 있는가

글쓰기 중의 전략

어떻게 쓰고 있는가

　　어떻게 쓸 것인가에 대한 다양한 구도가 잡히고 나면, 즉 글쓰기 전의 전략이 완전히 서게 되면 이제 직접적인 글쓰기 작업에 들어가게 된다. 앞에서도 강조했듯이 실질적인 글쓰기의 시작은 글쓰기 전 전략의 최종적인 결정체라고 할 수 있는 아우트라인을 준비하는 일로부터 이루어진다. 아우트라인이 쓰려고 하는 글의 설계도인 만큼, 이제 그 설계도에 따라 직접 글을 지어 나가면 되는 것이다.

　　그렇다면 글쓰기 중에는 아무런 전략도 필요 없는 것인가? 아우트라인에 따라 그저 살을 붙여가기만 하면 되는 것인가? 결코 그렇지 않다. 효과적인 글쓰기를 위해서는 글쓰기 중의 전략도 반드시 필요하다.

우선 무엇보다도 아웃라인에 따라 쓰고 있는가를 수시로 확인하고 점검하면서 본격적인 기술이 진행되어야 한다. 그리고 정확하고 효과적인 문장으로 쓰고 있는가와 주제를 전략적으로 강조하고 있는가를 항상 유념하면서 기술해 나가야 한다.

또한 한 편의 글을 구성하는 '단위 글'이라고 할 수 있는 단락을 무엇보다 세밀하게 점검하면서 진행해야 한다. 단락이 그 기능과 역할에 맞추어 적절하게 나누어지고 있는지, 각 단락의 소주제문은 해당 단락의 핵심 관념을 담고 길잡이 역할을 잘 해내고 있으며 여타의 문장들은 그 소주제문을 효과적으로 뒷받침하고 있는지, 그리고 단락 간의 연계가 유기적으로 이어져 글 전체의 통일성을 세워 가고 있는지 등을 수시로 확인해 보아야 한다.

글의 생명이라고 할 수 있는 통일성, 긴밀성, 강조성은 곧 단락의 치밀한 펼침을 통해 완성된다고 해도 과언이 아니다.

아웃라인에 따라 쓰고 있는가

글쓰기 전의 전략에서 가장 중요한 것이 최종적인 아웃라인을 작성하는 일이다. 그만큼 아웃라인은 글을 어떻게 쓸 것인가에 대한 필자의 의도와 목적은 물론, 쓰고자 하는 글의 내용과 진행 순서, 그리고 글의 구성까지 정리된 설계도인 것이다. 아웃라인 작성에 그만큼 세심한 배려와 전략을 짜는 것은 한마디로 의도한 바에 따른 가장 좋은 글을 쓰기 위한 것이다.

　이제 본격적인 글쓰기 작업, 즉 기술의 출발점은 완성된 아우트라인을 다시 검토하면서 시작된다. 다시 말해서 기술은 글쓰기의 지휘자 역할을 한다고 볼 수 있는 완성된 아우트라인을 곁에 마련해 두는 일로부터 시작된다. 아우트라인은 각각의 세부항목들이 어떻게 기술되어야 하는지를 지시해 줄뿐만 아니라, 글의 생명이라고 할 수 있는 통일성, 긴밀성, 강조성을 시종 잃지 않도록 통제해 주는 역할을 하게 될 것이기 때문이다.

　글 전체의 통일성을 유지하기 위해서는 무엇보다도 주제가 명확하고 적절해야 하며, 글의 모든 재료들이 그 주제를 선명하게 드러낼 수 있도록 선택되어야 한다. 또한 글 전체 주제는 추상적인 개념일 경우가 많으므로 그것을 소항목으로 알맞게 나누어 단락의 소주제문으로 적절히 전개해 나가야 통일성을 유지하는 데 훨씬 수월해진다. 다시 말해서 주제를 적절한 하위 개념으로 체계적으로 나누어 그것을 각 단락에서 통일성 있게 펼치면 글 전체의 통일성이 이루어지게 되는 것이다.

　그리고 글 전체의 긴밀성은 글의 전체 주제를 효과적으로 떠받들 수 있도록 각 부분이 순리적으로 이어져야 함을 뜻한다. 곧 주제를 떠받들기 위한 모든 재료들을 적재적소에 배열하고 가장 적절한 연결 방식을 적용하여 기술해 나가는 것이다. 그 순서와 배열은 이미 아우트라인 작성에서 충분히 고려되어 있을 것이다. 따라서 글쓰는 중에 긴밀성과 관련하여 특히 유념해야 할 것은 주제의 하위 개념을 다루는 단락과 단락 사이의 연결성 문제에 세심한 주의를 기울이는 일이다. 이어 강조성과 관련된 문제는 뒤 '주제는 전략적으로 강조하고 있는가' 항목에서 좀 더 깊이 있게 다루고자 한다.

지금까지 살펴 본 것처럼, 글을 쓰는 과정에서 항상 아우트라인을 주목하면서 '내가 지금 어디쯤 기술하고 있는 중인가'를 수시로 확인하고 점검해야 한다. 아울러 '지금 쓰고 있는 항목이 전체의 비중이나 다른 항목들에 비해 혹시 너무 길어지거나 짧은 것은 아닌가'라든지, '애초에 의도한 것과 조금이라도 다른 방향으로 가고 있지는 않은가' 등을 반복적으로 질문하고 확인해 보아야 할 것이다.

아우트라인을 작성하면서 필자는 각 세부항목에 어떤 내용을 기술할 것인지 이미 충분히 계획이 섰을 것이다. 그러나 막상 기술하려고 할 때, 여전히 어려움에 부딪히게 되는 경우가 많을 것이다. 다음은 그러한 난관을 극복하는 데 도움을 받을 수 있는 전략들이다.

첫째, 도입부나 서론을 기술하는 데 어려움이 있을 경우, 다음과 같은 전략이 도움이 된다.

① 쓰려고 하는 글의 화제가 왜 중요한가를 설명하라

    독자가 왜 시간을 들여 이 글을 읽어야만 하는가를 설명하라.

② 배경이 되는 정보를 제공하라

    독자가 이 화제의 가치를 인정하거나 이해하기 위해서 무엇을 알아야만 하는가, 또는 이 글을 위한 상황context을 구축하는 데 필요한 정보가 무엇인가를 기술하라.

③ 하나의 이야기를 말하라

    이 화제와 관련되거나 이 글에서 쓰려고 하는 요점을 예시할 수 있는 하나의 이야기를 말함으로써 화제에 흥미를 유발할 수 있다.

④ 독자와의 어떤 공동의 지표를 찾아라

    도입부에 이 같은 공동의 지표를 제시하는 것은 독자와 필자 사이에 유대를 마련할 수 있다.

⑤ 어떤 것을 묘사하라

    묘사는 글쓰기에 흥미와 활기를 더해 준다. 쓰려고 하는 글과 관련이 될 수 있는 어떤 것을 묘사하는 것은 글을 시작하기 위한 특별한 방법이 될 수 있다.

⑥ 검토하려고 하는 제목이나 요점들을 가지고 시작하라

    때때로 직접적인 접근이 최선일 수 있다. 검토하려고 하는 제목과 중심 요점을 진술하면서 시작하는 것도 하나의 방법이다.

⑦ **짧게 하라**

도입부에 어려움이 있다면, 그것을 짧게 해라. 제목과 그에 관련된 한두 개의 다른 문장들만 써라.

⑧ **건너뛰어라**

적절한 도입부가 이루어지지 않는다면 우선은 건너뛰어라. 다른 부분들을 먼저 계속 진행하고 나서 다시 도입부로 돌아와라. 다른 부분들을 쓰다 보면 도입부에 쓸 내용이 생각나게 될 것이다.

둘째, 전개부는 어차피 독자를 믿도록 하기 위한 세부사항들이다. 이를 위해서 진술을 뒷받침할 증명과 설명을 필요한 만큼 되풀이해야 한다. 전개부나 본론을 기술하는 데 어려움이 있을 경우, 다음과 같은 전략이 도움이 된다.

① 필자의 진술을 뒷받침할 수 있는 하나의 이야기를 말하라.
② 주제와 내용을 보완해 줄 수 있는 어떤 묘사를 덧붙여라.
③ 다양한 예들을 제공하라.
④ 다양한 근거들을 제공하라.
⑤ 유사점이나 차이점을 보여 주어라.

⑥ 제기된 문제들에 대한 원인이나 결과를 설명하라.

⑦ 관련된 어떤 것이 어떻게 만들어지고 행해지는지 설명하라.

⑧ 필자의 견해가 받아들여지지 않으면 어떤 일이 일어날 것인지 설명하라.

셋째, 정리부나 결론은 독자들에게 마지막 인상을 남긴다는 사실을 자각해야 한다. 이 부분을 기술하는 데 어려움이 있을 경우, 다음과 같은 전략이 도움이 된다.

① 중심요지의 의의나 중요성을 설명하라.

    결말부분은 기억되기 좋은 마지막 위치이다. 따라서 결말은 요지의 중요성을 보여 주기 위한 최적의 장소가 될 수 있다.

② 개요를 제공하라.

    특히 복잡하고 긴 글이라면, 글의 요지를 요약하여 독자에게 제공할 필요가 있다.

③ 필자의 견해를 무시하면 어떤 결과가 오는지를 설명하라.

④ 진실로 강조하고자 하는 요점이나, 제목을 다시 진술하면서 마무리를 지어라.

⑤ 짧게 하라. 더할 나위 없이 만족스러운 결론은 단지 한두 문장일 수 있다.

아우트라인은 글을 쓰기 위한 최종적인 설계도인 것이지, 반드시 거기에 맞추어 완성해야 한다는 강박관념을 가질 필요는 없다. 오히려 집 짓는 도중에 새로운 아이디어가 생기거나 필요성이 생기면 설계도면을 얼마든지 수정하듯이, 글쓰는 도중에도 얼마든지 수정·보완할 수 있다. 다만 너무 많이 수정하게 되면 애초에 의도한 바와 달라질 수 있고, 글 전체의 통일성과 다른 요소들 간의 긴밀성이 흩어질 우려가 있으니 세심한 주의를 기울여야 한다. 혹여 수정이 가해지면, 해당되는 그 부분이나 그 단락, 그 세부 항목만 수정할 수가 있는데 이것은 특히 조심해야 한다. 어느 정도의 수정이 있었다면 간단하게라도 글쓰기 전의 전략 사항들을 다시 점검하고, 글 전체의 체제와 아우트라인도 다시 검토해 보아야 한다.

정확하고 효과적인 문장으로 쓰고 있는가

앞 단원의 글쓰기의 기초에서 이미 강조했듯이 좋은 글은 적절한 단어의 선택과 정확한 문장의 사용에서 시작한다. 글쓰기에서의 단어와 문장을 건축에 비유하면 벽돌 하나하나, 창틀 하나하나라고도 할 수 있다. 아무리 훌륭한 건물이라도 어느 한 구석의 벽돌 한 장이나 창틀 한 곳이 부실하다면 그 건물은 문제가 발생할 수밖에 없고 결국에는 부실한 건물이 되고 말 것이다.

 글쓰기는 필자가 전달하고자 하는 주제와, 그것을 가장 효과적으로 기술하고자 고민한 끝에 정리된 아우트라인을 바탕으로 진행해 가는 것이다. 그러나 글을 써가는 과정에서 정확하고 효과적인 문장이 뒷받침되지 못한다면 주제의 전달은 물론 필자와 독자와의 의사소통까지도 어렵게 만들고 말 것이다. 따라서 글쓰기 도중에 세심한 단어의 선택은 물론 국어의 사용 체계와 문법에 맞추어 정확하고 효과적인 문장으로 쓰고 있는가를 수시로 자문자답해 보아야 한다.

 정확한 문장은 명확한 낱말을 선택해야 하고, 문장에 사용된 성분들이 정확한 호응과 일치를 이루어야 하며, 문장 구성요소들 사이의 지시 관계가 명확히 드러나야 한다. 그리고 올바른 어미와 조사의 사용은 물론 정확한 맞춤법과 띄어쓰기 등에도 항상 유의하면서 써야 한다.

 또한 효과적인 문장은 글의 주제와 해당 문장이 속해 있는 단락의 소주제문을 유기적으로 뒷받침하는 데 가장 바람직한 문장이 되어야 한다. 아울러 인접해 있는 다른 문장과의 긴밀한 상호 유대가 적절히 잘 이루어질 수 있어야 하며, 문장 사이의 논리적 연계성도 분명해야 효과적인 문장이 될 수 있다.

 이처럼 글쓰는 도중에 하나하나의 단어 선택은 물론이거니와, 한 문장 한 문장 완결해 나갈 때마다 정확하고 효과적인 문장으로 쓰고 있는가를 항시 점검하면서 기술해 나가야 한다.

주제는 전략적으로 강조하고 있는가

글쓰기의 궁극적인 목표는 필자가 의도한 핵심 사상, 즉 주제를 독자에게 가장 효과적으로 전달하는 것이다. 따라서 글을 써 나가는 과정에서 주제나 필자가 중점적으로 나타내고자 하는 바를 뚜렷이 부각시킴으로써 독자의 관심을 집중시키도록 하는 것은 대단히 중요하다. 모든 글이 통일성과 긴밀성을 갖추어야 하는 것은 물론이지만, 주제를 전략적으로 강조하여 글의 요점이 독자에게 효과적으로 전달되도록 하는 강조성도 반드시 갖추어져야 할 요건이다.

따라서 글을 써 나가는 과정에서 주제를 어떤 식으로 강조하여 효과를 보도록 할 것인지를 심사숙고해야 한다. 강조의 효과를 내는 것은 여러 가지 방법이 있을 수 있다. 그 중 가장 흔히 사용되는 것이 분량에 의한 강조와 위치에 의한 강조이다.

분량에 의한 강조는 주제나, 또는 그것과 관련이 깊은 사항들을 되도록 상세하고 충분하게 서술하는 것을 말한다. 이것은 필자가 전달하고자 하는 글의 중심 내용, 즉 주제를 되도록 많이 서술함으로써 독자의 관심을 오래 붙잡아 두고 분명하게 이해시킬 수 있는 방법이다. 그러나 글의 강약이 적절히 조절되지 못하여 글 전체의 흐름이 너무 단조로울 수 있고, 자칫 권위적인 필자의 모습을 독자에게 내비침으로써 거부감을 일으킬 위험이 있다.

위치에 의한 강조는 주제를 가장 잘 드러낼 수 있는 곳에 배치하는 것이다. 일반적으로 글의 첫머리와 끝 부분에 독자의 관심이 가장 많이 집중되기 때문에 주제를 그 위치에 놓는 경우가 많다. 물론 강조의 효과를 더욱 높이기 위하여 글의 첫머리에서 주제를 상기시키고, 글의 끝 부분에서 다시 주제를 확인시키는 방법도 있다. 그러나 글의 첫머리에 놓이는 경우 주제가 처음부터 노출되는 흠이 있을 수 있으므로 주의해야 한다. 이 경우에는 독자의 관심과 흥미를 일으켜 주제에 대한 호기심을 불러일으키도록 세심한 배려를 하면서 대체로 도입부분의 끝에 주제를 배치시키는 것이 좋다. 그리고 글의 끝 부분, 즉 정리부에서는 그 시작부분에서 주제를 다시 한 번 강하게 확인시켜 주어 독자에게 마지막 인상을 남기도록 하는 것이 좋다.

또한 글의 가장 많은 양을 차지하게 될 전개부에서는 주제를 소 항목으로 알맞게 나누어 전개해야 하며, 각 단락의 소주제는 주제를 떠받들어 뒷받침할 수 있는 재료와 내용으로 이루어져야 할 것이다. 물론 전개부를 진행해 나가면서도 필요에 따라 적절한 위치에서 주제를 다시 상기시키거나 점검해 주는 방법도 효과적일 수 있다. 이때에는 각 단락의 소주제들이 지니고 있는 상호 유기적 유대관계를 세심하게 고려하여 가장 적절한 위치를 찾아야 할 것이다.

전개부에서는 대체로 전개부를 시작하는 부분에서 주제를 한 번 더 제기하고, 마무리하는 부분에서 주제를 다시 상기시켜 주는 것이 좋다.

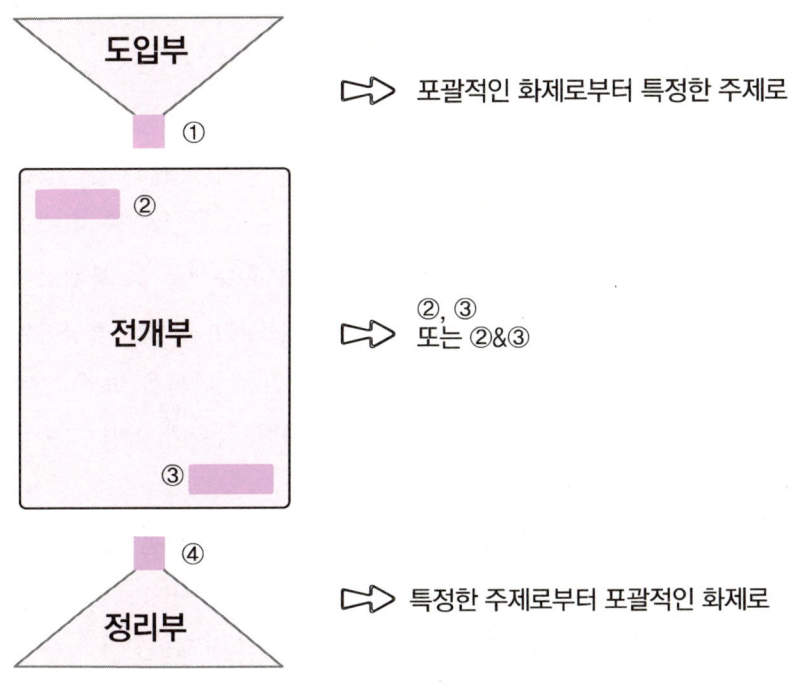

주제 배치의 적절한 장소

단락의 소주제문은 적절하고, 뒷받침문장들은 바람직한가

단락은 글 전체의 주제와 관련되면서 그 주제를 구축해내기 위해 필요한 한 단위의 생각이다. 건물에 비유하여 단어와 문장이 벽돌 한 장과 창틀 하나라면, 단락은 건물을 가장 튼튼하게 떠받치고 있는 기둥이나 벽이라고 할 수 있다. 그만큼 단락은 글 전체를 지탱시켜 유지하는 골격인 것이다.

단락은 핵심 요소인 소주제문과 그것을 펼쳐 나가는 뒷받침문장으로 구성된다. 이 때 소주제를 세우는 일은 당연히 글 전체의 주제와 관련된다. 문장 하나하나가 아무리 훌륭해도 그 자체로는 의미가 없다. 문장들은 하나의 소주제로 뭉쳐서 단락을 형성하여야 한다. 그러한 단락들은 다시 모여서 글의 각 항목을 이루고, 나아가서 글 전체의 핵심 내용인 주제를 떠받드는 데 어떤 역할을 하게 되는 것이다.

글쓰는 과정에서 적절한 소주제문의 작성은 단락을 나누어 펼쳐 나가기 위한 가장 중요한 일이기도 하다. 따라서 각 단락의 소주제문을 기술해 나갈 때, 과연 가장 적절한 소주제문인가를 수시로 재확인해 보아야 한다. 즉, '이 소주제문은 글 전체의 주제와 밀접한 관련이 있는가?', '이 소주제문은 그 범주가 알맞게 잡혀있는가?', '해당 단락이 이 소주제에 의해 통일되어 있는가?', '소주제문이 간결하고 확실한 표현으로 기술되고 있는가?' 등과 같은 질문을 통해 가장 적절한 소주제문을 찾아 기술해 나가야 한다.

한편 소주제문을 단락의 어느 위치에 두느냐에 따라서 글의 효과는 달라질 수 있다. 일반적으로 단락의 첫머리에 두는 경우를 두괄식 구성, 단락의 마지막 부분에 오도록 하는 경우를 미괄식 구성, 그리고 첫머리와 마지막 부분에 함께 놓는 방식을 양괄식 구성이라고 한다.

두괄식 구성은 문제의 핵심을 처음부터 명백하게 할 수 있어서 독자의 관심을 집중시키고 지배적 인상을 줄 수 있다.

미괄식 구성은 단락의 주제를 요약하는 효과를 거둘 수 있을 뿐만 아니라 특별히 강조되어야 할 내용을 다시 한 번 강조할 수 있는 장점이 있다.

양괄식 구성은 문제의 핵심을 선명하게 하고 강조하고자 하는 바를 뚜렷하게 나타낼 수 있는 방식이지만 주제가 중복됨으로써 문체상의 흠이 될 수도 있으니 주의해야 한다.

그리고 각 단락의 소주제문을 지나치게 규격화하거나, 소주제문의 위치를 하나같이 동일한 부분에 두는 것도 바람직하지 않다. 각 소주제문의 형태에 다양한 변화를 주고, 각 단락의 소주제문이 배치되는 장소에 변동을 줌으로써 단조로움을 피하고 글에 신선감을 더할 수 있도록 하는 것이 좋다.

앞서 말한 것처럼 단락은 소주제문을 중심으로 이루어진 한 단위의 생각이다. 지극히 특수한 경우를 제외하고 소주제문만으로 이루어진 단락은 거의 없다. 따라서 단락에서 꼭 필요한 또 한 가지 중요한 요소는 소주제문을 떠받들어 펼치는 뒷받침문장이다. 마치 글 전체의 주제가 소주제들에 의해 떠받들어 발전되는 것처럼, 단락의 소주제는 그 단락을 이루고 있는 모든 뒷받침문장들에 의해 떠받들어져 발전되는 것이다.

주제에 대한 소주제들의 관련과 마찬가지로 바람직한 뒷받침문장은 반드시 해당 단락의 소주제문과 관련된 것이어야 하고, 소주제를 충분히 발전시킬 수 있는 것이어야 한다. 다시 말해서 단락의 핵심 내용은 소주제이며, 단락을 이루는 수 개의 문장들은 그 소주제를 구체화하거나 합리화하기 위해 마련된 것들이다. 따라서 뒷받침문장들은 그 역할을 충실하게 수행할 수 있는 내용들로 채워져야 할 것이다.

글쓰는 과정에서 단락을 기술해 갈 때에는 가장 적절한 소주제를 마련하는 일이 매우 중요하다. 그러나 소주제가 훌륭하다고 단락이 잘 이루어진 것은 아니다. 거기에는 반드시 바람직한 뒷받침문장이 함께 해야만 한다. 필자는 뒷받침문장 하나하나를 쓸 때마다 소주제를 상기하고 그것을 풀이하거나 합리화 또는 예증하는 내용을 가려서 쓰는 것이 습관화되도록 노력해야 한다.

단락의 연계가 유기적으로 이어지고 있는가

 적절한 소주제문과 바람직한 뒷받침문장으로 단락이 이루어졌다고 하더라도, 그 단락은 반드시 다른 단락과 유기적인 연계를 지니고 있어야 한다. 단락 하나가 완벽하다고 해서 그 글이 좋은 글이 되는 것은 아니기 때문이다. 물론 단락 자체 내에서도 소주제를 정점으로 모든 뒷받침문장들이 유기적으로 연결되어 소주제를 효과적으로 뒷받침해야 하는 것은 당연하다. 동시에 이러한 연결성은 글 전체의 주제를 중심으로 한 각 단락들의 경우도 반드시 갖추어야 할 요건이다.

 앞서도 말했듯이 글 전체의 주제는 각 단락의 소주제들에 의해 풀이되고, 합리화되고, 예증됨으로써 구체화하게 된다. 따라서 글 쓰는 과정에서 각 단락 간의 유기적인 연계를 항상 유념하여야 한다. 가깝게는 인접한 단락과의 상호 연관성도 주목해야 하겠지만, 글에 동원된 다른 모든 단락들이나 글 전체의 주제와 관련된 상호 연관성을 항상 유기적으로 검토하면서 글쓰기가 이루어져야 한다. 아울러 나눈 단락의 수가 너무 세분화되어 있는 것은 아닌지, 하나의 단락에 혹시 두 가지 이상의 소주제가 뭉쳐져 있는 것은 아닌지, 나열된 단락의 위치가 과연 가장 적합한지 혹시 단락의 순서를 바꿀 필요는 없는지 등을 세심하게 검토하면서 기술해야 할 것이다. 글의 생명이라고 할 수 있는 통일성, 긴밀성, 강조성은 단락에 초점을 맞추는 경우에도 여전히 중요한 과제이다. 그만큼 단락 상호간의 유기적 연계성은 좋은 글을 쓰는 데 반드시 갖추어야 할 사항이기도 하다.

글쓰기 후의 전략

어떻게 쓰여졌는가

__구상에 맞추어 쓰여졌는가
__내용은 충실했는가
__구성은 탄탄했는가
__표현은 적절하고 정확했는가

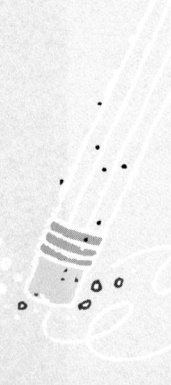

글쓰기 후의 전략 – 어떻게 쓰여졌는가

04 글쓰기 후의 전략

어떻게 쓰여졌는가

　글쓰기 전의 전략에 따라 실제로 글을 쓰기 시작하고, 글쓰기 중의 전략에 맞추어 일단 글을 완성했다고 글쓰기의 모든 과정이 마무리된 것은 아니다. 그것은 어디까지나 초안에 불과한 것이다. 이제 글쓰기의 마지막 단계인 글쓰기 후의 전략을 검토할 차례이다. 즉 어떻게 쓰여졌는가를 꼼꼼하게 점검해야 한다.

　너무나 당연한 말이지만, 쓴 글의 첫 번째 독자는 누구도 아닌 바로 '나'다. 가장 객관적이고 냉철한 독자가 되어 자신이 쓴 글을 스스로 평가해야 한다. 이러한 과정을 '퇴고'라고 한다. 이런 의미에서 퇴고는 자기 글에 대한 자기 평가라고 할 수 있다.

　일반적으로 퇴고는 첨가, 삭제, 재배열의 세 가지 방식을 따른다. 첨가는 정리되지 못한 부분이나 빠뜨린 부분을 첨가·보충하면서 표현을 상세하게 하는 것이다. 그리고 삭제는 불필요한 여분의 부분이나 군더더기 표현을 삭제하면서 표현을 긴장감 있게 하는 것이며, 재배열은 문장이나 단락의 구성을 변경하여 부분적으로 주제 전개의 양상을 고쳐 나가는 것을 말한다.

그렇다면 보다 좋은 글이 되도록 하기 위해서 글쓰기 후의 전략은 어떻게 짜는 것이 좋을까. 개괄적인 퇴고의 세 가지 원칙을 항목별로 상세하게 검토할 수 있는 방법은 없을까. 이 문제를 해결하기 위해서는 우선 구상에 맞추어 쓰여졌는가를 검토해야 한다. 아울러 내용이 얼마나 충실하게 정비되었는지, 구성은 탄탄하게 이루어졌는지, 그리고 표현은 적절하고 정확했는지를 점검해야 한다. 이를 위해서는 각 항목별 세부 점검 체크리스트를 활용하는 것이 좋다.

다시 한 번 강조하지만 좋은 글을 쓰기 위한 최종적인 전략은 이른바 '고쳐 쓰기'라는 사실을 잊어서는 안 된다. 서양의 글쓰기 관련 책들에서 '훌륭한 글쓰기는 바로 고쳐 쓰기를 의미한다 good writing means re-writing'라는 말이 하나의 명제처럼 강조되고 있음을 볼 수 있다. 고쳐 쓰기는 한 편의 글을 완성하는 데 결코 무시되어서는 안 될 것이다.

한편 요즘처럼 컴퓨터가 글쓰는 도구로 보편화된 상황에서는 글쓰는 과정에서 퇴고가 동시에 이루어지는 일이 많아진 것이 사실이다. 그만큼 편리해졌다고 할 수 있다. 그러나 컴퓨터의 한 화면에 담을 수 있는 글의 양은 어차피 한정될 수밖에 없다. 따라서 글의 세부 항목을 종합적으로 검토하거나 한 단원 또는 글 전체를 총괄적으로 점검하기 위해서는 반드시 전문을 프린트한 글을 놓고 점검해야 한다.

구상에 맞추어 쓰여졌는가

글의 초안을 모두 완성한 후에, 어떻게 쓰여졌는가를 점검하는 전략으로 우선 글을 전체적으로 검토하는 것이 좋다. 이를 위해서는 글쓰기 전의 전략에서 최종적으로 마련된 구상과 아우트라인을 참조해야 한다. 즉 애초에 의도한 구상과 아우트라인에 맞추어 쓰여졌는가를 확인해 보는 작업이 필요하다. 글의 전반적인 짜임새라든지, 아우트라인에서 계획한 세부항목들의 확인, 단락의 적절한 안배와 균형 등을 다시 검토해 보아야 한다. 혹시 글쓰기 과정에서 구상이나 아우트라인을 수정했다면, 수정된 것을 토대로 이루어져야 하는 것은 당연하다.

특히 글의 도입부는 글의 방향이나 성격을 암시해 주고 주제를 제시해 주는 것 이외에도 첫인상을 심어 주는 부분이므로 독자의 관심과 호기심을 불러일으키도록 써야 한다는 점을 잊어서는 안 된다. 아울러 글의 마무리 부분인 정리부는 중심 요지의 의의나 중요성을 설명하면서도 독자에게 마지막 인상을 남긴다는 점을 명심하여 다른 부분보다 더욱 세심한 신경을 써야할 것이다.

이 밖에 구상에 따른 전체적인 검토를 위해서 다음과 같은 질문을 던져 보면서 진행하는 것이 좋다.

- 주제는 틀림없이 말하고자 했던 것인가?
- 좀 더 정확한 주제문으로 나타낼 수는 없는가?
- 혹시 주제와 다른 부분적인 생각이 오히려 더 뚜렷하게 나타나도록 기술되지는 않았는가?
- 아웃트라인에서 의도한 세부항목이 주제와 조화되어 있는가? 혹여 맞지 않는 세부항목이 들어 있지는 않은가?

이런 질문들을 던져 보면 전체적인 검토를 보다 구체적으로 행할 수가 있다.

만약 완성된 초안의 분량이 애초에 계획했던 것보다 너무 짧거나 길어졌다면 어떻게 해야 할 것인가. 사실 글을 쓰다가 보면 그 길이가 생각과는 다르게 맞지 않은 수가 많다. 특히 길이가 정해진 글의 경우, 이 문제는 또 하나의 어려움일 수밖에 없다. 이런 경우 다음과 같은 전략이 그러한 난관을 극복하는 데 도움이 될 것이다.

우선 초안이 생각보다 너무 짧아졌을 경우 다음 전략 중의 하나를 시도하라.

① 주된 요점들을 강조하라

초안이 짧아진 것은 주요 요점들을 발전시키는 것을 소홀히 했기 때문이다. 요점들 중에 보충이 필요한 항목들을 찾아 그것을 지지하는 내용을 덧붙인다면, 길이 문제를 해결할 수 있다.

② 설명한 뒤에 보여 주어라

초안이 너무 짧다면, 독자에게 설명만 주로 했을 것이다. 설명한 뒤에 그것을 보여 주어라.

③ 아이디어 산출로 돌아가라.

글이 너무 짧다면 글쓰기를 위한 충분한 아이디어를 마련하지 않은 채로 글쓰기를 시작했기 때문이다. 잠시 중단하고 아이디어 산출로 돌아가라.

④ 제목이나 주제를 다시 검토하라

보다 넓은 영역을 다룰 수 있도록 주제를 넓혀 초안의 길이를 증가시켜라.

또한 초안의 길이가 생각보다 너무 길어졌을 경우에는 다음의 전략 중에 한두 가지를 시도하라.

① 주제를 다시 검토하라

주제를 다시 점검하여, 주제의 범위를 좁히는 방법을 모색하라.

② 불필요한 요지들을 삭제하라

독자가 이미 알고 있다고 생각되는 것은 삭제하라. 필자가 지나치게 과잉으로 설명하면 오히려 독자를 피곤하게 할 뿐이다.

③ 초안의 개요를 다시 작성하라

글쓰기 전에 아우트라인을 작성했더라도, 반대로 그것을 쓴 후에 아우트라인을 다시 작성하라. 반복되는 요지나 관련 없는 세목들은 없는가를 검토할 수 있다.

④ 불필요한 반복이나 군더더기를 삭제하라

의외로 불필요한 반복이나 쓸모없는 것들이 눈에 띌 것이다. 과감히 삭제하라.

⑤ 서론이나 결론을 과잉 기술하지 마라

다시 명심해라. 글에서 서론과 결론은 주된 논의를 위한 길을 열고, 묶는 일을 할 뿐이다.

내용은 충실했는가

한 편의 글이 좋은 글인가 그렇지 못한 글인가를 가늠하기 위해서는 결국 어떤 내용을 어떻게 표현하여 전달하고 있는가의 문제에 귀착된다. 우선 글의 내용이 밀도 있고 알차서 알맹이가 있어야 한다. 따라서 구상과 아우트라인에 따라 내용이 얼마나 충실하게 채워졌는가를 글을 쓴 후에 반드시 점검해야 한다.

글을 쓴 후에 글의 내용들이 얼마나 잘 정비되어 있는가를 보다 구체적으로 점검하는 전략으로 다음과 같은 체크리스트를 사용하는 것이 좋다.

글 쓴 후의 체크리스트 1

__글의 초점을 정확히 표현한, 명백한 주제를 지니고 있는가? 표현하고자 하는 내용은 글에 직접적으로 진술되었거나 글 속에 함축되었거나 간에 확실한 주제에 의하여 표현되어야 한다.

__글의 모든 세목이 그 주제와 명백히 관련되는가? 다시 말해서 글에 사용된 모든 내용이 주제에 의한 통일성을 이루었는가?

__주제를 포함한 모든 개념이 필요한 내용들로 충분히 뒷받침되고 있는가?

__제재는 설득력 있고 풍부하고 확실한 것인가?

__독자에게 흥미 있고 이해 가능한 재료들인가?

__모든 세목들이 독자, 글의 목적, 필자의 역할에 잘 부합되는가?

__불필요한 제재나 세목들을 사용하고 있지는 않은가?

__혹여 눈에 거슬리는 진술은 없는가?

__도입부(서론)는 화제에 흥미를 불러일으키는가?

__정리부(결론)는 만족스러운 결말을 제공하는가?

 구성은 탄탄했는가

　필자가 전달하고자 하는 여러 가지 내용은 반드시 어떤 구성을 통해 비로소 글의 내용이 된다. 아무리 훌륭한 생각과 내용을 지녔다고 하더라도 그것이 글의 구성 속에서 형성(形成)되지 못한다면 무의미한 것에 불과하다.

　좋은 글이 갖추어야 할 첫 번째 요건으로 강조되는 것이 완결성이다. 곧 '탄탄하게 잘 짜여진 글'을 좋은 글의 평가 기준으로 삼는 것이다. 이 때 탄탄하게 잘 짜여졌다는 것이 바로 구성을 지칭한다.

　글을 쓴 후에 글의 구성이 얼마나 잘 조직화되어 있는가를 보다 구체적으로 점검하는 전략으로 다음과 같은 체크리스트를 사용하는 것이 좋다.

글 쓴 후의 체크리스트 2

__ 하나의 관념이나 생각이 다음 관념과 생각을 논리적으로 뒤따르는 긴밀한 흐름을 지니고 있는가?

__ 하나의 단락이 다음 단락을 논리적으로 뒤따르는 긴밀한 흐름을 지니고 있는가?

__ 각 단락의 상세한 기술들이 주제문이나 소주제문과 관련이 있는가?

__ 단락의 구분이 적절하고 단락 상호간의 연계성은 유기적인가?

__ 재료의 배열순서가 효과적이며 적합한가?

__ 시작, 중간, 결말의 균형이 잘 잡혀 있는가?

__ 각 생각들이 서로서로 어떻게 관련되는지를 보여 주기 위해 위치나 단계의 변화를 사용했는가?

__ 적절한 위치에서 필요한 만큼의 개요를 정리했는가?

표현은 적절하고 정확했는가

　내용과 구성에 대한 검토가 이루어진 연후에 다음으로 해야 할 일이 표현에 대한 점검이다. 내용과 구성이 전반적인 검토라면, 표현은 세부적인 검토라고 할 수 있다. 곧 내용을 구성으로 성형하는 데 사용된 여러 가지 단어나 문장들을 표현이라고 할 것이다.
　글을 쓴 후에 글의 표현이 얼마나 정확하고 적절하게 잘 이루어져 있는가를 보다 구체적으로 점검하는 전략으로 다음과 같은 체크리스트를 사용하는 것이 좋다.

글 쓴 후의 체크리스트 3

__정확하고 구체적이며, 명확한 단어를 사용했는가?

__정확한 문장을 사용했는가?

__문장을 시작할 때 다양한 방법을 활용했는가?(sentence openers)

__이유 없는 반복과 군더더기를 피했는가?

__불필요한 단어나 구절은 없는가?

__상투형을 제거했는가?

__특정 어구나 표현 등을 과도하게 사용하는 것을 피했는가?

__글에 활기와 흥미를 더해 주기 위해 적극적인 목소리(active voice)를 사용했는가?

__너무 어렵고 까다로운 표현으로 독자에게 부담을 주지는 않았는가?

__소리 내어 읽을 때, 모두가 무리 없이 좋은가?

__맞춤법, 띄어쓰기, 문장부호는 정확하게 사용했는가?

__편집은 적절했는가?

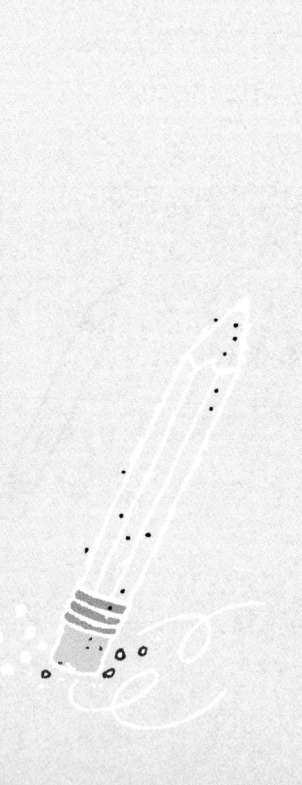

틀 리 기 쉬 운 우 리 글
한글 맞춤법, 표준어 규정에서 찾아보기

- 헷갈리기 쉬운 우리글 바로쓰기
- 자주 틀리는 단어들
- 문장부호만 잘 써도 내용의 혼돈을 피한다

헷갈리기 쉬운 우리글 바로쓰기

한자음 '녀, 뇨, 뉴, 니'가 단어 첫머리에 올 적에는, 두음 법칙에 따라 '여, 요, 유, 이'로 적는다.(ㄱ을 취하고, ㄴ을 버림.)

여자(女子)   녀자   유대(紐帶)   뉴대
연세(年歲)   년세   이토(泥土)   니토
요소(尿素)   뇨소   익명(匿名)   닉명

다음과 같은 의존 명사에서는 '냐, 녀' 음을 인정한다.

냥(兩)   냥쭝(兩-)   년(年)(몇 년)

단어의 첫머리 이외의 경우에는 본음대로 적는다.

남녀(男女)   당뇨(糖尿)   결뉴(結紐)   은닉(隱匿)

접두사처럼 쓰이는 한자가 붙어서 된 말이나 합성어에서, 뒷말의 첫소리가 'ㄴ' 소리로 나더라도 두음 법칙에 따라 적는다.

신여성(新女性)   공염불(空念佛)   남존여비(男尊女卑)

둘 이상의 단어로 이루어진 고유 명사를 붙여 쓰는 경우에도 위에 준하여 적는다.

한국여자대학   대한요소비료회사

한자음 '랴, 려, 례, 료, 류, 리'가 단어의 첫머리에 올 적에는, 두음 법칙에 따라 '야, 여, 예, 요, 유, 이'로 적는다.(ㄱ을 취하고, ㄴ을 버림.)

양심(良心)	량심	용궁(龍宮)	룡궁
역사(歷史)	력사	유행(流行)	류행
예의(禮儀)	례의	이발(理髮)	리발

다음과 같은 의존 명사는 본음대로 적는다.

리(里) : 몇 리냐?
리(理) : 그럴 리가 없다.

단어의 첫머리 이외의 경우에는 본음대로 적는다.

개량(改良)	선량(善良)	수력(水力)	협력(協力)
사례(謝禮)	혼례(婚禮)	와룡(臥龍)	쌍룡(雙龍)
하류(下流)	급류(急流)	도리(道理)	진리(眞理)

모음이나 'ㄴ' 받침 뒤에 이어지는 '렬, 률'은 '열, 율'로 적는다.(ㄱ을 취하고, ㄴ을 버림.)

나열(羅列)	나렬	분열(分裂)	분렬
치열(齒列)	치렬	선열(先烈)	선렬
비열(卑劣)	비렬	진열(陳列)	진렬
규율(規律)	규률	선율(旋律)	선률
비율(比率)	비률	전율(戰慄)	전률
실패율(失敗率)	실패률	백분율(百分率)	백분률

외자로 된 이름을 성에 붙여 쓸 경우에도 본음대로 적을 수 있다.

신립(申砬)   최린(崔麟)   채륜(蔡倫)   하륜(河崙)

준말에서 본음으로 소리나는 것은 본음대로 적는다.

국련(국제연합)   대한교련(대한교육연합회)

접두사처럼 쓰이는 한자가 붙어서 된 말이나 합성어에서, 뒷말의 첫소리가 'ㄴ' 또는 'ㄹ' 소리로 나더라도 두음 법칙에 따라 적는다.

역이용(逆利用)   연이율(年利率)   열역학(熱力學)
해외여행(海外旅行)

둘 이상의 단어로 이루어진 고유 명사를 붙여 쓰는 경우나 십진법에 따라 쓰는 수(數)도 위에 준하여 적는다.

서울여관   신흥이발관   육천육백육십육(六千六百六十六)

✏️ 한자음 '라, 래, 로, 뢰, 루, 르'가 단어의 첫머리에 올 적에는, 두음 법칙에 따라 '나, 내, 노, 뇌, 누, 느'로 적는다.(ㄱ을 취하고, ㄴ을 버림.)

낙원(樂園)	락원	뇌성(雷聲)	뢰성
내일(來日)	래일	누각(樓閣)	루각
노인(老人)	로인	능묘(陵墓)	릉묘

단어의 첫머리 이외의 경우에는 본음대로 적는다.

쾌락(快樂)   극락(極樂)   거래(去來)
왕래(往來)   부로(父老)   연로(年老)
지뢰(地雷)   낙뢰(落雷)   고루(高樓)
광한루(廣寒樓) 동구릉(東九陵) 가정란(家庭欄)

접두사처럼 쓰이는 한자가 붙어서 된 단어는 뒷말을 두음 법칙에 따라 적는다.

내내월(來來月)   상노인(上老人)   중노동(重勞動)
비논리적(非論理的)

✏️ 종결형에서 사용되는 어미 '-오'는 '요'로 소리나는 경우가 있더라도 그 원형을 밝혀 '오'로 적는다.(ㄱ을 취하고, ㄴ을 버림.)

이것은 책이오.
이리로 오시오.
이것은 책이 아니오.

이것은 책이요.
이리로 오시요.
이것은 책이 아니요.

연결형에서 사용되는 '이요'는 '이요'로 적는다.(ㄱ을 취하고, ㄴ을 버림.)

이것은 책이요, 저것은 붓이요,
또 저것은 먹이다.

이것은 책이오, 저것은 붓이오,
또 저것은 먹이다.

✏️ 다음과 같은 용언들은 어미가 바뀔 경우, 그 어간이나 어미가 원칙에 벗어나면 벗어나는 대로 적는다.

1. 어간의 끝 'ㄹ'이 줄어질 적

갈다 :	가니	간	갑니다	가시다	가오
놀다 :	노니	논	놉니다	노시다	노오
불다 :	부니	분	붑니다	부시다	부오
둥글다 :	둥그니	둥근	둥급니다	둥그시다	둥그오
어질다 :	어지니	어진	어집니다	어지시다	어지오

다음과 같은 말에서도 'ㄹ'이 준 대로 적는다.

  마지못하다   마지않다   (하)다마다   (하)자마자
  (하)지 마라   (하)지 마(아)

2. 어간의 끝 'ㅅ'이 줄어질 적

  긋다 :   그어   그으니   그었다
  낫다 :   나아   나으니   나았다
  잇다 :   이어   이으니   이었다
  짓다 :   지어   지으니   지었다

3. 어간의 끝 'ㅎ'이 줄어질 적

  그렇다 :   그러니   그럴   그러면   그러오
  까맣다 :   까마니   까말   까마면   까마오
  동그랗다 : 동그라니 동그랄 동그라면 동그라오
  퍼렇다 :   퍼러니   퍼럴   퍼러면   퍼러오
  하얗다 :   하야니   하얄   하야면   하야오

4. 어간의 끝 'ㅜ, ㅡ'가 줄어질 적

  푸다 :   퍼   펐다   뜨다 :   떠   떴다
  끄다 :   꺼   껐다   크다 :   커   컸다
  담그다 : 담가   담갔다   고프다 : 고파   고팠다
  따르다 : 따라   따랐다   바쁘다 : 바빠   바빴다

5. 어간의 끝 'ㄷ'이 'ㄹ'로 바뀔 적

    걷다[步] : 걸어   걸으니   걸었다
    듣다[聽] : 들어   들으니   들었다
    묻다[問] : 물어   물으니   물었다
    싣다[載] : 실어   실으니   실었다

6. 어간의 끝 'ㅂ'이 'ㅜ'로 바뀔 적

    깁다 :   기워   기우니   기웠다
    굽다[炙] : 구워   구우니   구웠다
    가깝다 :   가까워   가까우니   가까웠다
    괴롭다 :   괴로워   괴로우니   괴로웠다
    맵다 :   매워   매우니   매웠다
    무겁다 :   무거워   무거우니   무거웠다
    밉다 :   미워   미우니   미웠다
    쉽다 :   쉬워   쉬우니   쉬웠다

'돕-, 곱-'과 같은 단음절 어간에 어미 '-아'가 결합되어 '와'로 소리나는 것은 '-와'로 적는다.

    돕다[助] : 도와   도와서   도와도   도왔다
    곱다[麗] : 고와   고와서   고와도   고왔다

7. '하다'의 활용에서 어미 '-아'가 '-여'로 바뀔 적

    하다 : 하여   하여서   하여도   하여라   하였다

8. 어간의 끝음절 '르' 뒤에 오는 어미 '-어'가 '-러'로 바뀔 적

이르다[至] :	이르러	이르렀다
노르다 :	노르러	노르렀다
누르다 :	누르러	누르렀다
푸르다 :	푸르러	푸르렀다

9. 어간의 끝음절 '르'의 'ㅡ'가 줄고, 그 뒤에 오는 어미 '-아/-어'가 '-라/-러'로 바뀔 적

가르다 :	갈라	갈랐다		부르다 :	불러	불렀다
거르다 :	걸러	걸렀다		오르다 :	올라	올랐다
구르다 :	굴러	굴렀다		이르다 :	일러	일렀다
벼르다 :	별러	별렀다		지르다 :	질러	질렀다

✏️ **어간에 '-이'나 '-음/-ㅁ'이 붙어서 명사로 된 것과 '-이'나 '-히'가 붙어서 부사로 된 것은 그 어간의 원형을 밝히어 적는다.**

1. '-이'가 붙어서 명사로 된 것

길이	깊이	높이	다듬이	땀받이
달맞이	먹이	미닫이	벌이	벼훑이
살림살이	쇠붙이			

2. '-음/-ㅁ'이 붙어서 명사로 된 것

걸음	묶음	믿음	얼음	엮음	울음
웃음	졸음	죽음	앎	만듦	

3. '-이'가 붙어서 부사로 된 것

　　같이　　　굳이　　　　길이　　　　높이　　　　많이　　　　실없이
　　좋이　　　짓궂이

4. '-히'가 붙어서 부사로 된 것

　　밝히　　　익히　　　　작히

✎ **명사 뒤에 '-이'가 붙어서 된 말은 그 명사의 원형을 밝히어 적는다.**

1. 부사로 된 것

　　곳곳이　　　　낱낱이　　　　몫몫이　　　　샅샅이
　　앞앞이　　　　집집이

2. 명사로 된 것

　　곰배팔이　　　바둑이　　　　삼발이　　　　애꾸눈이
　　육손이　　　　절뚝발이/절름발이

✎ **명사나 혹은 용언의 어간 뒤에 자음으로 시작된 접미사가 붙어서 된 말은 그 명사나 어간의 원형을 밝히어 적는다.**

1. 명사 뒤에 자음으로 시작된 접미사가 붙어서 된 것

　　값지다　　　　홑지다　　　　넋두리　　　　빛깔

옆댕이　　　　잎사귀

2. 어간 뒤에 자음으로 시작된 접미사가 붙어서 된 것
　　　낚시　　　　　늙정이　　　　　　덮개　　　　　뜯게질
　　　갉작갉작하다　갉작거리다　　　　뜯적거리다　　뜯적뜯적하다
　　　굵다랗다　　　굵직하다　　　　　깊숙하다　　　넓적하다
　　　높다랗다　　　늙수그레하다　　　얽죽얽죽하다

다음과 같은 말은 소리대로 적는다.
　　(1) 겹받침의 끝소리가 드러나지 아니하는 것
　　　할짝거리다　　널따랗다　　　　　널찍하다　　　말끔하다
　　　말쑥하다　　　말짱하다　　　　　실쭉하다　　　실큼하다
　　　얄따랗다　　　얄팍하다　　　　　짤따랗다　　　짤막하다
　　　실컷

　　(2) 어원이 분명하지 아니하거나 본뜻에서 멀어진 것
　　　넙치　　　　　올무　　　　　　　골막하다　　　납작하다

✏️ **용언의 어간에 다음과 같은 접미사들이 붙어서 이루어진 말들은 그 어간을 밝히어 적는다.**

　　1. '-기-, -리-, -이-, -히-, -구-, -우-, -추-, -으키-, -이키-, -애-'가 붙는 것
　　　맡기다　　옮기다　　　웃기다　　　　쫓기다　　　뚫리다

울리다	낚이다	쌓이다	핥이다	굳히다
굽히다	넓히다	앉히다	얽히다	잡히다
돋구다	솟구다	돋우다	갖추다	곧추다
맞추다	일으키다	돌이키다	없애다	

'-이-, -히-, -우-'가 붙어서 된 말이라도 본뜻에서 멀어진 것은 소리대로 적는다.

도리다(칼로 ~)	드리다(용돈을 ~)	고치다
바치다(세금을 ~)	부치다(편지를 ~)	거두다
미루다	이루다	

2. '-치-, -뜨리-, -트리-'가 붙는 것

놓치다	덮치다	떠받치다	받치다	밭치다
부딪치다	뻗치다	엎치다	부딪뜨리다/부딪트리다	
쏟뜨리다/쏟트리다		젖뜨리다/젖트리다		
찢뜨리다/찢트리다		흩뜨리다/흩트리다		

'-업-, -읍-, -브-'가 붙어서 된 말은 소리대로 적는다.

미덥다	우습다	미쁘다

✏️ '-하다'나 '-거리다'가 붙는 어근에 '-이'가 붙어서 명사가 된 것은 그 원형을 밝히어 적는다.(ㄱ을 취하고, ㄴ을 버림.)

📕	📕	📕	📕
깔쭉이	깔쭈기	살살이	살사리
꿀꿀이	꿀꾸리	쌕쌕이	쌕쌔기
눈깜짝이	눈깜짜기	오뚝이	오뚜기
더펄이	더퍼리	코납작이	코납자기
배불뚝이	배불뚜기	푸석이	푸서기
삐죽이	삐주기	홀쭉이	홀쭈기

✏️ '-하다'가 붙는 어근에 '-히'나 '-이'가 붙어서 부사가 되거나, 부사에 '-이'가 붙어서 뜻을 더하는 경우에는 그 어근이나 부사의 원형을 밝히어 적는다.

1. '-하다'가 붙는 어근에 '-히'나 '-이'가 붙는 경우

급히   꾸준히   도저히   딱히   어렴풋이   깨끗이

2. 부사에 '-이'가 붙어서 역시 부사가 되는 경우

곰곰이   더욱이   생긋이   오뚝이   일찍이   해죽이

✏️ **끝소리가 'ㄹ'인 말과 딴 말이 어울릴 적에 'ㄹ' 소리가 나지 아니하는 것은 아니 나는 대로 적는다.**

다달이(달-달-이)   따님(딸-님)
마되(말-되)   마소(말-소)
무자위(물-자위)   바느질(바늘-질)
부나비(불-나비)   부삽(불-삽)
부손(불-손)   소나무(솔-나무)
싸전(쌀-전)   여닫이(열-닫이)
우짖다(울-짖다)   화살(활-살)

✏️ **끝소리가 'ㄹ'인 말과 딴 말이 어울릴 적에 'ㄹ' 소리가 'ㄷ' 소리로 나는 것은 'ㄷ'으로 적는다.**

반짇고리(바느질~)   사흗날(사흘~)
삼짇날(삼질~)   섣달(설~)
숟가락(술~)   이튿날(이틀~)
잗주름(잘~)   푿소(풀~)
섣부르다(설~)   잗다듬다(잘~)
잗다랗다(잘~)

▶ 사이시옷은 다음과 같은 경우에 받치어 적는다.

1. 순 우리말로 된 합성어로서 앞말이 모음으로 끝난 경우

   (1) 뒷말의 첫소리가 된소리로 나는 것

고랫재	귓밥	나룻배	나뭇가지
냇가	댓가지	뒷갈망	맷돌
머릿기름	모깃불	못자리	바닷가
뱃길	볏가리	부싯돌	선짓국
쇳조각	아랫집	우렁잇속	잇자국
잿더미	조갯살	찻집	쳇바퀴
킷값	핏대	햇볕	혓바늘

   (2) 뒷말의 첫소리 'ㄴ, ㅁ' 앞에서 'ㄴ' 소리가 덧나는 것

멧나물	아랫니	텃마당
아랫마을	뒷머리	잇몸
깻묵	냇물	빗물

   (3) 뒷말의 첫소리 모음 앞에서 'ㄴㄴ' 소리가 덧나는 것

도리깻열	뒷윷	두렛일	뒷일
뒷입맛	베갯잇	욧잇	깻잎
나뭇잎	댓잎		

2. 순 우리말과 한자어로 된 합성어로서 앞말이 모음으로 끝난 경우

   (1) 뒷말의 첫소리가 된소리로 나는 것

| 귓병 | 머릿방 | 뱃병 | 봇둑 |

사잣밥	샛강	아랫방	자릿세
전셋집	찻잔	찻종	촛국
콧병	탯줄	텃세	핏기
햇수	횟가루	횟배	

(2) 뒷말의 첫소리 'ㄴ, ㅁ' 앞에서 'ㄴ' 소리가 덧나는 것

곗날	제삿날	훗날	툇마루
양칫물			

(3) 뒷말의 첫소리 모음 앞에서 'ㄴㄴ' 소리가 덧나는 것

가욋일	사삿일	예삿일	훗일

3. 두 음절로 된 다음 한자어

곳간(庫間)	셋방(貰房)	숫자(數字)	찻간(車間)
툇간(退間)	횟수(回數)		

> 두 말이 어울릴 적에 'ㅂ' 소리나 'ㅎ' 소리가 덧나는 것은 소리대로 적는다.

1. 'ㅂ' 소리가 덧나는 것

댑싸리(대ㅂ싸리)	멥쌀(메ㅂ쌀)	볍씨(벼ㅂ씨)	입때(이ㅂ때)
입쌀(이ㅂ쌀)	접때(저ㅂ때)	좁쌀(조ㅂ쌀)	햅쌀(해ㅂ쌀)

2. 'ㅎ' 소리가 덧나는 것

머리카락(머리ㅎ가락)   살코기(살ㅎ고기)   수캐(수ㅎ개)
수컷(수ㅎ것)   수탉(수ㅎ닭)   안팎(안ㅎ밖)
암캐(암ㅎ개)   암컷(암ㅎ것)   암탉(암ㅎ닭)

✏️ **단어의 끝모음이 줄어지고 자음만 남은 것은 그 앞의 음절에 받침으로 적는다.**

(본말)	(준말)
기러기야	기럭아
어제그저께	엊그저께
어제저녁	엊저녁
가지고, 가지지	갖고, 갖지
디디고, 디디지	딛고, 딛지

✏️ **'ㅐ, ㅔ' 뒤에 '-어, -었-'이 어울려 줄 적에는 준 대로 적는다.**

(본말)	(준말)	(본말)	(준말)
개어	개	개었다	갰다
내어	내	내었다	냈다
베어	베	베었다	벴다
세어	세	세었다	셌다

✏️ 모음 'ㅗ, ㅜ'로 끝난 어간에 '-아/-어, -았-/-었-'이 어울려 'ㅘ/ㅝ, ㅙ/ㅞ'으로 될 적에는 준 대로 적는다.

(본말)	(준말)	(본말)	(준말)
꼬아	꽈	꼬았다	꽜다
보아	봐	보았다	봤다
쏘아	쏴	쏘았다	쐈다
두어	둬	두었다	뒀다
쑤어	쒀	쑤었다	쒔다
주어	줘	주었다	줬다

'놓아'가 '놔'로 줄 적에는 준 대로 적는다.

'ㅚ' 뒤에 '-어, -었-'이 어울려 'ㅙ, ㅙㅆ'으로 될 적에도 준 대로 적는다.

(본말)	(준말)	(본말)	(준말)
괴어	괘	괴었다	괬다
되어	돼	되었다	됐다
뵈어	봬	뵈었다	뵀다
쇠어	쇄	쇠었다	쇘다
쐬어	쐐	쐬었다	쐤다

✏️ 'ㅣ' 뒤에 '-어'가 와서 'ㅕ'로 줄 적에는 준 대로 적는다.

(본말)	(준말)	(본말)	(준말)
가지어	가져	가지었다	가졌다

견디어	견뎌	견디었다	견뎠다
다니어	다녀	다니었다	다녔다
막히어	막혀	막히었다	막혔다
버티어	버텨	버티었다	버텼다
치이어	치여	치이었다	치였다

✏️ 'ㅏ, ㅕ, ㅗ, ㅜ, ㅡ'로 끝난 어간에 '-이-'가 와서 각각 'ㅐ, ㅖ, ㅚ, ㅟ, ㅢ'로 줄 적에는 준 대로 적는다.

(본말)	(준말)	(본말)	(준말)
싸이다	쌔다	누이다	뉘다
펴이다	폐다	뜨이다	띄다
보이다	뵈다	쓰이다	씌다

✏️ 'ㅏ, ㅗ, ㅜ, ㅡ' 뒤에 '-이어'가 어울려 줄어질 적에는 준 대로 적는다.

(본말)	(준말)		(본말)	(준말)	
싸이어	쌔어	싸여	뜨이어	띄어	
보이어	뵈어	보여	쓰이어	씌어	쓰여
쏘이어	쐬어	쏘여	트이어	틔어	트여
누이어	뉘어	누여			

✏️ 어미 '-지' 뒤에 '않-'이 어울려 '-잖-'이 될 적과 '-하지' 뒤에 '않-'이 어울려 '-찮-'이 될 적에는 준 대로 적는다.

(본말)	(준말)	(본말)	(준말)
그렇지 않은	그렇잖은	만만하지 않다	만만찮다
적지 않은	적잖은	변변하지 않다	변변찮다

✏️ 어간의 끝음절 '하'의 'ㅏ'가 줄고 'ㅎ'이 다음 음절의 첫소리와 어울려 거센소리로 될 적에는 거센소리로 적는다.

(본말)	(준말)	(본말)	(준말)
간편하게	간편케	다정하다	다정타
연구하도록	연구토록	정결하다	정결타
가하다	가타	흔하다	흔타

'ㅎ'이 어간의 끝소리로 굳어진 것은 받침으로 적는다.

않다	않고	않지	않든지
그렇다	그렇고	그렇지	그렇든지
아무렇다	아무렇고	아무렇지	아무렇든지
어떻다	어떻고	어떻지	어떻든지
이렇다	이렇고	이렇지	이렇든지
저렇다	저렇고	저렇지	저렇든지

어간의 끝음절 '하'가 아주 줄 적에는 준 대로 적는다.

(본말)	(준말)	(본말)	(준말)
거북하지	거북지	넉넉하지 않다	넉넉지 않다
생각하건대	생각건대	못하지 않다	못지않다
생각하다 못해	생각다 못해	섭섭하지 않다	섭섭지 않다
깨끗하지 않다	깨끗지 않다	익숙하지 않다	익숙지 않다

다음과 같은 부사는 소리대로 적는다.

결단코	결코	기필코	무심코	아무튼	요컨대
정녕코	필연코	하마터면	하여튼	한사코	

단위를 나타내는 명사는 띄어 쓴다.

한 **개**	차 한 **대**	금 서 **돈**	소 한 **마리**
옷 한 **벌**	열 **살**	조기 한 **손**	연필 한 **자루**
버선 한 **죽**	집 한 **채**	신 두 **켤레**	북어 한 **쾌**

순서를 나타내는 경우나 숫자와 어울리어 쓰이는 경우에는 붙여 쓸 수 있다.

두**시** 삼십**분** 오**초**	제일**과**	삼**학년**
육**층**	1446**년** 10**월** 9**일**	2**대대**
16**동** 502**호**	제1**실습실**	80**원**
10**개**	7**미터**	

✏️ 수를 적을 적에는 '만(萬)' 단위로 띄어 쓴다.

    십이억 삼천사백오십육만 칠천팔백구십팔
    12억 3456만 7898

✏️ 두 말을 이어 주거나 열거할 적에 쓰이는 다음의 말들은 띄어 쓴다.

    국장 **겸** 과장   열 **내지** 스물   청군 **대** 백군
    책상, 걸상 **등**이 있다   이사장 **및** 이사들   사과, 배, 귤 **등등**
    사과, 배 **등속**   부산, 광주 **등지**

✏️ 단음절로 된 단어가 연이어 나타날 적에는 붙여 쓸 수 있다.

    그때 그곳   좀더 큰것   이말 저말   한잎 두잎

✏️ 성과 이름, 성과 호 등은 붙여 쓰고, 이에 덧붙는 호칭어, 관직명 등은 띄어 쓴다.

    김양수(金良洙)   서화담(徐花潭)   채영신 씨
    최치원 선생   박동식 박사   충무공 이순신 장군

성과 이름, 성과 호를 분명히 구분할 필요가 있을 경우에는 띄어 쓸 수 있다.

    남궁억/남궁 억   독고준/독고 준   황보지봉(皇甫芝峰)/황보 지봉

✏️ 성명 이외의 고유 명사는 단어별로 띄어 씀을 원칙으로 하되, 단위별로 띄어 쓸 수 있다.(ㄱ을 원칙으로 하고, ㄴ을 허용함.)

대한 중학교
한국 대학교 사범 대학

대한중학교
한국대학교 사범대학

✏️ 전문 용어는 단어별로 띄어 씀을 원칙으로 하되, 붙여 쓸 수 있다. (ㄱ을 원칙으로 하고, ㄴ을 허용함.)

만성 골수성 백혈병
중거리 탄도 유도탄

만성골수성백혈병
중거리탄도유도탄

✏️ 부사의 끝음절이 분명히 '이'로만 나는 것은 '-이'로 적고, '히'로만 나거나 '이'나 '히'로 나는 것은 '-히'로 적는다.

1. '이'로만 나는 것

가붓이	깨끗이	나붓이	느긋이	둥긋이
따뜻이	반듯이	버젓이	산뜻이	의젓이
가까이	고이	날카로이	대수로이	번거로이
많이	적이	헛되이	겹겹이	번번이
일일이	집집이	틈틈이		

2. '히'로만 나는 것

극히	급히	딱히	속히	작히
족히	특히	엄격히	정확히	

3. '이, 히'로 나는 것

솔직히	가만히	간편히	나른히	무단히
각별히	소홀히	쓸쓸히	정결히	과감히
꼼꼼히	심히	열심히	급급히	답답히
섭섭히	공평히	능히	당당히	분명히
상당히	조용히	간소히	고요히	도저히

✎ 한자어에서 본음으로도 나고 속음으로도 나는 것은 각각 그 소리에 따라 적는다.

(본음으로 나는 것)	(속음으로 나는 것)
승낙(承諾)	수락(受諾), 쾌락(快諾), 허락(許諾)
만난(萬難)	곤란(困難), 논란(論難)
안녕(安寧)	의령(宜寧), 회령(會寧)
분노(忿怒)	대로(大怒), 희로애락(喜怒哀樂)
토론(討論)	의논(議論)
오륙십(五六十)	오뉴월, 유월(六月)
목재(木材)	모과(木瓜)
십일(十日)	시방정토(十方淨土), 시왕(十王), 시월(十月)
팔일(八日)	초파일(初八日)

✏️ 다음과 같은 어미는 예사소리로 적는다.(ㄱ을 취하고, ㄴ을 버림.)

-(으)ㄹ거나	-(으)ㄹ꺼나
-(으)ㄹ걸	-(으)ㄹ껄
-(으)ㄹ게	-(으)ㄹ께
-(으)ㄹ세	-(으)ㄹ쎄
-(으)ㄹ세라	-(으)ㄹ쎄라
-(으)ㄹ수록	-(으)ㄹ쑤록
-(으)ㄹ시	-(으)ㄹ씨
-(으)ㄹ지	-(으)ㄹ찌
-(으)ㄹ지니라	-(으)ㄹ찌니라
-(으)ㄹ지라도	-(으)ㄹ찌라도
-(으)ㄹ지어다	-(으)ㄹ찌어다
-(으)ㄹ지언정	-(으)ㄹ찌언정
-(으)ㄹ진대	-(으)ㄹ찐대
-(으)ㄹ진저	-(으)ㄹ찐저
-올시다	-올씨다

의문을 나타내는 다음 어미들은 된소리로 적는다.

- -(으)ㄹ까?
- -(으)ㄹ꼬?
- -(스)ㅂ니까?
- -(으)리까?
- -(으)ㄹ쏘냐?

✏️ 다음과 같은 접미사는 된소리로 적는다.(ㄱ을 취하고, ㄴ을 버림.)

ㄱ	ㄴ	ㄱ	ㄴ
심부름꾼	심부름군	귀때기	귓대기
익살꾼	익살군	볼때기	볼대기
일꾼	일군	판자때기	판잣대기
장꾼	장군	뒤꿈치	뒷굼치
장난꾼	장난군	팔꿈치	팔굼치
지게꾼	지겟군	이마빼기	이맛배기
때깔	땟갈	코빼기	콧배기
빛깔	빛갈	객쩍다	객적다
성깔	성갈	겸연쩍다	겸연적다

✏️ 두 가지로 구별하여 적던 다음 말들은 한 가지로 적는다.(ㄱ을 취하고, ㄴ을 버림.)

ㄱ	ㄴ
맞추다(입을 맞춘다. 양복을 맞춘다.)	마추다
뻗치다(다리를 뻗친다. 멀리 뻗친다.)	뻗치다

✏️ '-더라, -던'과 '-든지'는 다음과 같이 적는다.

1. 지난 일을 나타내는 어미는 '-더라, -던'으로 적는다.(ㄱ을 취하고, ㄴ을 버림.)

지난 겨울은 몹시 춥더라.	지난 겨울은 몹시 춥드라.
깊던 물이 얕아졌다.	깊든 물이 얕아졌다.
그렇게 좋던가?	그렇게 좋든가?
그 사람 말 잘하던데!	그 사람 말 잘하든데!
얼마나 놀랐던지 몰라.	얼마나 놀랐든지 몰라.

2. 물건이나 일의 내용을 가리지 아니하는 뜻을 나타내는 조사와 어미는 '(-)든지'로 적는다.(ㄱ을 취하고, ㄴ을 버림.)

배든지 사과든지 마음대로 먹어라.   배던지 사과던지 마음대로 먹어라.
가든지 오든지 마음대로 해라.   가던지 오던지 마음대로 해라.

▶ 다음 단어들은 거센소리를 가진 형태를 표준어로 삼는다.(ㄱ을 표준어로 삼고, ㄴ을 버림.)

ㄱ	ㄴ	비 고
끄나풀	끄나불	
나팔-꽃	나발-꽃	
녘	녁	동~, 들~, 새벽~, 동 틀~
부엌	부억	
살-쾡이	삵-괭이	
칸	간	1. ~막이, 빈 ~, 방 한 ~ 2. '초가 삼간, 윗간'의 경우에는 '간'임.
털어-먹다	떨어-먹다	재물을 다 없애다.

▶ 어원에서 멀어진 형태로 굳어져서 널리 쓰이는 것은, 그것을 표준어로 삼는다.(ㄱ을 표준어로 삼고, ㄴ을 버림.)

ㄱ	ㄴ	비 고
강낭-콩	강남-콩	
고삿	고샅	겉~, 속~.
사글-세	삭월-세	'월세'는 표준어임.
울력-성당	위력-성당	떼를 지어서 으르고 협박하는 일

✏️ 다음 단어들은 의미를 구별함이 없이, 한 가지 형태만을 표준어로 삼는다.(ㄱ을 표준어로 삼고, ㄴ을 버림.)

ㄱ	ㄴ	비 고
돌	돐	생일, 주기
둘-째	두-째	'제2, 두 개째'의 뜻
셋-째	세-째	'제3, 세 개째'의 뜻
넷-째	네-째	'제4, 네 개째'의 뜻
빌리다	빌다	1. 빌려 주다, 빌려 오다
		2. '용서를 빌다'는 '빌다'임.

'둘째'는 십 단위 이상의 서수사에 쓰일 때에 '두째'로 한다.

ㄱ	ㄴ	비 고
열두-째		열두 개째의 뜻은 '열둘째'로.
스물두-째		스물두 개째의 뜻은 '스물둘째'로.

✏️ 수컷을 이르는 접두사는 '수-'로 통일한다.(ㄱ을 표준어로 삼고, ㄴ을 버림.)

ㄱ	ㄴ	비 고
수-꿩	수-퀑/숫-꿩	'장끼'도 표준어임.
수-나사	숫-나사	
수-놈	숫-놈	
수-사돈	숫-사돈	
수-소	숫-소	'황소'도 표준어임.
수-은행나무	숫-은행나무	

다음 단어에서는 접두사 다음에서 나는 거센소리를 인정한다. 접두사 '암-'이 결합되는 경우에도 이에 준한다.(ㄱ을 표준어로 삼고, ㄴ을 버림.)

ㄱ	ㄴ	비 고
수-강아지	숫-강아지	
수-캐	숫-개	
수-컷	숫-것	
수-키와	숫-기와	
수-탉	숫-닭	
수-탕나귀	숫-당나귀	
수-톨쩌귀	숫-돌쩌귀	
수-퇘지	숫-돼지	
수-평아리	숫-병아리	

다음 단어의 접두사는 '숫-'으로 한다.(ㄱ을 표준어로 삼고, ㄴ을 버림.)

ㄱ	ㄴ	비 고
숫-양	수-양	
숫-염소	수-염소	
숫-쥐	수-쥐	

✏️ 양성 모음이 음성 모음으로 바뀌어 굳어진 다음 단어는 음성 모음 형태를 표준어로 삼는다.(ㄱ을 표준어로 삼고, ㄴ을 버림.)

ㄱ	ㄴ	비 고
깡충~깡충	깡총~깡총	큰말은 '껑충껑충'임.
-둥이	-동이	←童-이. 귀-, 막-, 선-, 쌍-, 검-, 바람-, 흰-.
발가~숭이	발가~송이	센말은 '빨가숭이', 큰말은 '벌거숭이, 뻘거숭이'임.
보퉁이	보통이	
봉죽	봉족	←奉足. ~꾼, ~ 들다.
뻗정~다리	뻗장~다리	
아서, 아서라	앗아, 앗아라	하지 말라고 금지하는 말.
오뚝~이	오똑~이	부사도 '오뚝~이'임.
주추	주초	←柱礎. 주춧~돌.

어원 의식이 강하게 작용하는 다음 단어에서는 양성 모음 형태를 그대로 표준어로 삼는다.(ㄱ을 표준어로 삼고, ㄴ을 버림.)

ㄱ	ㄴ	비 고
부조(扶助)	부주	~금, 부좃~술.
사돈(査頓)	사둔	밭~, 안~.
삼촌(三寸)	삼춘	시~, 외~, 처~.

✏️ 'ㅣ' 역행 동화 현상에 의한 발음은 원칙적으로 표준 발음으로 인정하지 아니하되, 다만 다음 단어들은 그러한 동화가 적용된 형태를 표준어로 삼는다.(ㄱ을 표준어로 삼고, ㄴ을 버림.)

ㄱ	ㄴ	비 고
-내기	-나기	서울-, 시골-, 신출-, 풋-.
냄비	남비	
동댕이-치다	동당이-치다	

다음 단어는 'ㅣ' 역행 동화가 일어나지 아니한 형태를 표준어로 삼는다. (ㄱ을 표준어로 삼고, ㄴ을 버림.)

ㄱ	ㄴ	비 고
아지랑이	아지랭이	

기술자에게는 '-장이', 그 외에는 '-쟁이'가 붙는 형태를 표준어로 삼는다. (ㄱ을 표준어로 삼고, ㄴ을 버림.)

ㄱ	ㄴ	비 고
미장이	미쟁이	
유기장이	유기쟁이	
멋쟁이	멋장이	
소금쟁이	소금장이	
담쟁이-덩굴	담장이-덩굴	
골목쟁이	골목장이	
발목쟁이	발목장이	

✏️ 다음 단어는 모음이 단순화한 형태를 표준어로 삼는다.(ㄱ을 표준어로 삼고, ㄴ을 버림.)

ㄱ	ㄴ	비 고
괴팍-하다	괴퍅-하다/괴팩-하다	
-구먼	-구면	
미루-나무	미류-나무	←美柳~.
미륵	미력	←彌勒. ~ 보살, ~불, 돌~.
여느	여늬	
온-달	왼-달	만 한 달.
으레	으례	
케케-묵다	케케-묵다	
허우대	허위대	
허우적-허우적	허위적-허위적	허우적-거리다.

✏️ 다음 단어에서는 모음의 발음 변화를 인정하여, 발음이 바뀌어 굳어진 형태를 표준어로 삼는다.(ㄱ을 표준어로 삼고, ㄴ을 버림.)

ㄱ	ㄴ	비 고
-구려	-구료	
깍쟁이	깍정이	1. 서울 ~, 알~, 찰~. 2. 도토리, 상수리 등의 받침은 '깍정이'임.
나무라다	나무래다	
미수	미시	미숫-가루.
바라다	바래다	'바램[所望]'은 비표준어임.

상추	상치	~쌈.
시러베-아들	실업의-아들	
주책	주착	←主着. ~망나니, ~없다.
지루-하다	지리-하다	←支離.
튀기	트기	
허드레	허드래	허드렛-물, 허드렛-일.
호루라기	호루루기	

✏️ '웃-' 및 '윗-'은 명사 '위'에 맞추어 '윗-'으로 통일한다.(ㄱ을 표준어로 삼고, ㄴ을 버림.)

ㄱ	ㄴ	비 고
윗-넓이	웃-넓이	
윗-눈썹	웃-눈썹	
윗-니	웃-니	
윗-당줄	웃-당줄	
윗-덧줄	웃-덧줄	
윗-도리	웃-도리	
윗-동아리	웃-동아리	준말은 '윗동'임.
윗-막이	웃-막이	
윗-머리	웃-머리	
윗-목	웃-목	
윗-몸	웃-몸	~ 운동.
윗-바람	웃-바람	
윗-배	웃-배	
윗-벌	웃-벌	
윗-변	웃-변	수학 용어

윗-사랑	웃-사랑
윗-세장	웃-세장
윗-수염	웃-수염
윗-입술	웃-입술
윗-잇몸	웃-잇몸
윗-자리	웃-자리
윗-중방	웃-중방

된소리나 거센소리 앞에서는 '위-'로 한다.(ㄱ을 표준어로 삼고, ㄴ을 버림.)

ㄱ	ㄴ	비 고
위-짝	웃-짝	
위-쪽	웃-쪽	
위-채	웃-채	
위-층	웃-층	
위-치마	웃-치마	
위-턱	웃-턱	~ 구름[上層雲].
위-팔	웃-팔	

'아래, 위'의 대립이 없는 단어는 '웃-'으로 발음되는 형태를 표준어로 삼는다.(ㄱ을 표준어로 삼고, ㄴ을 버림.)

ㄱ	ㄴ	비 고
웃-국	윗-국	
웃-기	윗-기	
웃-돈	윗-돈	
웃-비	윗-비	~ 걷다.
웃-어른	윗-어른	
웃-옷	윗-옷	

▶ 한자 '구(句)'가 붙어서 이루어진 단어는 '귀'로 읽는 것을 인정하지 아니하고, '구'로 통일한다.(ㄱ을 표준어로 삼고, ㄴ을 버림.)

ㄱ	ㄴ	비 고
구법(句法)	귀법	
구절(句節)	귀절	
구점(句點)	귀점	
결구(結句)	결귀	
경구(警句)	경귀	
경인구(警人句)	경인귀	
난구(難句)	난귀	
단구(短句)	단귀	
단명구(短命句)	단명귀	
대구(對句)	대귀	~법(對句法).
문구(文句)	문귀	
성구(成句)	성귀	~어(成句語).
시구(詩句)	시귀	
어구(語句)	어귀	
연구(聯句)	연귀	
인용구(引用句)	인용귀	
절구(絶句)	절귀	

✏️ 준말이 널리 쓰이고 본말이 잘 쓰이지 않는 경우에는, 준말만을 표준어로 삼는다. (ㄱ을 표준어로 삼고, ㄴ을 버림.)

ㄱ	ㄴ	비 고
귀찮다	귀치 않다	
김	기음	~ 매다.
똬리	또아리	
무	무우	~강즙, ~말랭이, ~생채, 가랑~, 갓~, 왜~, 총각~.
미다	무이다	1. 털이 빠져 살이 드러나다. 2. 찢어지다.
뱀	배암	
뱀-장어	배암-장어	
빔	비음	설~, 생일~.
샘	새암	~바르다, ~바리.
생-쥐	새앙-쥐	
솔개	소리개	
온-갖	온-가지	
장사-치	장사-아치	

✏️ 준말과 본말이 다 같이 널리 쓰이면서 준말의 효용이 뚜렷이 인정되는 것은, 두 가지를 다 표준어로 삼는다. (ㄱ은 본말이며, ㄴ은 준말임.)

ㄱ	ㄴ	비 고
거짓-부리	거짓-불	작은말은 '가짓부리, 가짓불'임.
노을	놀	저녁~.
막대기	막대	
망태기	망태	

머무르다	머물다	⎫ 모음 어미가 연결될 때에는 준말의 활용
서두르다	서둘다	⎬ 형을 인정하지 않음.
서투르다	서툴다	⎭
석새-삼베	석새-베	
시-누이	시-뉘/시-누	
오-누이	오-뉘/오-누	
외우다	외다	외우며, 외워 : 외며, 외어.
이기죽-거리다	이죽-거리다	
찌꺼기	찌끼	'찌꺽지'는 비표준어임.

자주 틀리는 단어들

가름	둘로 가름.
갈음	새 책상으로 갈음하였다.
거름	풀을 썩인 거름.
걸음	빠른 걸음.
거치다	영월을 거쳐 왔다.
걷히다	외상값이 잘 걷힌다.
걷잡다	걷잡을 수 없는 상태.
겉잡다	겉잡아서 이틀 걸릴 일.
그러므로(그러니까)	그는 부지런하다. 그러므로 잘 산다.
그럼으로(써)	그는 열심히 공부한다. 그럼으로(써)
(그렇게 하는 것으로)	은혜에 보답한다.
노름	노름판이 벌어졌다.
놀음(놀이)	즐거운 놀음.
느리다	진도가 너무 느리다.
늘이다	고무줄을 늘인다.

늘리다	수출량을 더 늘린다.
다리다	옷을 다린다.
달이다	약을 달인다.
다치다	부주의로 손을 다쳤다.
닫히다	문이 저절로 닫혔다.
닫치다	문을 힘껏 닫쳤다.
마치다	벌써 일을 마쳤다.
맞히다	여러 문제를 더 맞혔다.
목거리	목거리가 덧났다.
목걸이	금 목걸이, 은 목걸이.
바치다	나라를 위해 목숨을 바쳤다.
받치다	우산을 받치고 간다.　책받침을 받친다.
받히다	쇠뿔에 받혔다.
밭치다	술을 체에 밭친다.
반드시	약속은 반드시 지켜라.
반듯이	고개를 반듯이 들어라.
부딪치다	차와 차가 마주 부딪쳤다.
부딪히다	마차가 화물차에 부딪혔다.

부치다	힘이 부치는 일이다.
	편지를 부친다.
	논밭을 부친다.
	빈대떡을 부친다.
	식목일에 부치는 글.
	회의에 부치는 안건.
	인쇄에 부치는 원고.
	삼촌 집에 숙식을 부친다.
붙이다	우표를 붙인다.
	책상을 벽에 붙였다.
	흥정을 붙인다.
	불을 붙인다.
	감시원을 붙인다.
	조건을 붙인다.
	취미를 붙인다.
	별명을 붙인다.
시키다	일을 시킨다.
식히다	끓인 물을 식힌다.
아름	세 아름 되는 둘레.
알음	전부터 알음이 있는 사이.
앎	앎이 힘이다.
안치다	밥을 안친다.
앉히다	윗자리에 앉힌다.

어름	두 물건의 어름에서 일어난 현상.
얼음	얼음이 얼었다.
이따가	이따가 오너라.
있다가	돈은 있다가도 없다.
저리다	다친 다리가 저린다.
절이다	김장 배추를 절인다.
조리다	생선을 조린다. 통조림, 병조림.
졸이다	마음을 졸인다.
주리다	여러 날을 주렸다.
줄이다	비용을 줄인다.
하노라고	하노라고 한 것이 이 모양이다.
하느라고	공부하느라고 밤을 새웠다.
-느니보다(어미)	나를 찾아오느니보다 집에 있거라.
-는 이보다(의존 명사)	오는 이가 가는 이보다 많다.
-(으)리만큼(어미)	나를 미워하리만큼 그에게 잘못한 일이 없다.
-(으)ㄹ 이만큼(의존 명사)	찬성할 이도 반대할 이만큼이나 많을 것이다.
-(으)러(목적)	공부하러 간다.
-(으)려(의도)	서울 가려 한다.

- (으)로서(자격) 사람으로서 그럴 수는 없다.
- (으)로써(수단) 닭으로써 꿩을 대신했다.

- (으)므로(어미) 그가 나를 믿으므로 나도 그를 믿는다.
(- ㅁ, - 음)으로(써)(조사) 그는 믿음으로(써) 산 보람을 느꼈다.

문장부호만 잘 써도 내용의 혼돈을 피한다

가운뎃점(·)의 사용

열거된 여러 단위가 대등하거나 밀접한 관계임을 나타낸다.

(1) 쉼표로 열거된 어구가 다시 여러 단위로 나누어질 때에 쓴다.

철수·영이, 영수·순이가 서로 짝이 되어 윷놀이를 하였다.
공주·논산, 천안·아산·천원 등 각 지역구에서 2명씩 국회 의원을 뽑는다.
시장에 가서 사과·배·복숭아, 고추·마늘·파, 조기·명태·고등어를 샀다.

(2) 특정한 의미를 가지는 날을 나타내는 숫자에 쓴다.

3·1 운동   8·15 광복

(3) 같은 계열의 단어 사이에 쓴다.

경북 방언의 조사·연구
충북·충남 두 도를 합하여 충청도라고 한다.
동사·형용사를 합하여 용언이라고 한다.

쌍점(:)의 사용

(1) 내포되는 종류를 들 적에 쓴다.

　문장 부호 : 마침표, 쉼표, 따옴표, 묶음표 등.
　문방 사우 : 붓, 먹, 벼루, 종이.

(2) 소표제 뒤에 간단한 설명이 붙을 때에 쓴다.

　일시 : 1984 년 10 월 15 일 10 시.
　마침표 : 문장이 끝남을 나타낸다.

(3) 저자명 다음에 저서명을 적을 때에 쓴다.

　정약용 : 목민심서, 경세유표.
　주시경 : 국어 문법, 서울 박문 서관, 1910.

(4) 시(時)와 분(分), 장(章)과 절(節) 따위를 구별할 때나, 둘 이상을 대비할 때에 쓴다.

　오전 10 : 20 (오전 10 시 20 분)
　요한 3 : 16 (요한 복음 3 장 16 절)
　대비 65 : 60 (65 대 60)

빗금(/)의 사용

(1) 대응, 대립되거나 대등한 것을 함께 보이는 단어와 구, 절 사이에 쓴다.

　　남궁만/남궁 만　　　백이십오 원/125원
　　착한 사람/악한 사람　　　　　　맞닥뜨리다/맞닥트리다

(2) 분수를 나타낼 때에 쓰기도 한다.

　　3/4 분기　　　　　　　　3/20

중괄호({ })의 사용

여러 단위를 동등하게 묶어서 보일 때에 쓴다.

　　주격조사 { 이 / 가 }　　　국가의 3요소 { 국토 / 국민 / 주권 }

대괄호([ ])의 사용

(1) 묶음표 안의 말이 바깥 말과 음이 다를 때에 쓴다.

　　나이[年歲]　　낱말[單語]　　手足[손발]

(2) 묶음표 안에 또 묶음표가 있을 때에 쓴다.

　　　명령에 있어서의 불확실[단호(斷乎)하지 못함]은 복종에 있어서의 불확실[모호(模糊)함]을 낳는다.

줄표(—)의 사용

이미 말한 내용을 다른 말로 부연하거나 보충함을 나타낸다.

(1) 문장 중간에 앞의 내용에 대해 부연하는 말이 끼여들 때 쓴다.

그 신동은 네 살에 — 보통 아이 같으면 천자문도 모를 나이에 — 벌써 시를 지었다.

(2) 앞의 말을 정정 또는 변명하는 말이 이어질 때 쓴다.

어머님께 말했다가 — 아니, 말씀드렸다가 — 꾸중만 들었다.
이건 내 것이니까 — 아니, 내가 처음 발견한 것이니까 — 절대로 양보할 수가 없다.

붙임표(-)의 사용

(1) 사전, 논문 등에서 합성어를 나타낼 적에, 또는 접사나 어미임을 나타낼 적에 쓴다.

겨울-나그네   불-구경   손-발   휘-날리다
슬기-롭다   -(으)ㄹ걸

(2) 외래어와 고유어 또는 한자어가 결합되는 경우에 쓴다.

나일론-실   디-장조   빛-에너지   염화-칼륨

| 저자 약력 |

백운복(白運福)

서강대학교 국어국문학과 졸업
동 대학원 국어국문학과 석·박사과정 수료(문학박사)
〈동아일보〉 신춘문예(1982)와 월간 《시문학》을 통해 등단(문학평론가)
호주 그리피스대학교 언어학부 객원교수 역임(2004. 9 ~ 2005. 8)
현재 : 서원대학교 국어국문학과 교수

저서 : 『한국현대시론사 연구』(1993), 『서정의 매듭풀이』(1993)
『시의 이론과 비평』(1997), 『현대시의 논리와 변명』(2001)
『글쓰기, 이렇게 하면 된다』(2006), 『한국서정문학론』(공저, 1997)
『문학의 이해』(공저, 2002), 『문예사조의 이해』(공저, 2003)
『현대시의 이해와 감상』(2006, 새문사) 외

글쓰기 이렇게 하면 된다   값9,500원

2006년 5월 29일 초판발행
2010년 3월 12일 초판2쇄

저 자 백 운 복

발 행 인 成 珍 慶

발 행 처 새문사

등록번호 1-273(1977.9.19)

주소 : 서울·마포구 용강동 494-80
전화 : (02)715-7232(代), 717-7235
FAX : (02)715-7235
E-mail : sinlon@saemoon.co.kr
website : www.saemoonbook.com
ISBN : 89-7411-160-8 03800